Thomas Heyl
Katharina Luidl

das Findebuch

schöpferische
Freiarbeit
in der
Grundschule

Auer Verlag GmbH

Gedruckt auf umweltbewusst gefertigtem,
chlorfrei gebleichtem
und alterungsbeständigem Papier.

1. Auflage. 2002
Nach der Neuregelung
der deutschen Rechtschreibung

Layout und Fotos (soweit nicht
anders angegeben): Thomas Heyl
Illustrationen: Rosemarie Zacher
Gesamtherstellung:
Ludwig Auer GmbH, Donauwörth

ISBN 3-403-0**3520**-4

Inhalt

das Findebuch

Wir bekommen nur dann die Zukunft,
die wir uns wünschen,
wenn wir sie selbst erfinden.

Joseph Beuys

ein Stuhl

Wenn Kinder ausrangierte Schulstühle zerlegen dürfen, beginnen sie, diese zu verwandeln. Dann wird aus dem statischen Möbelstück ein Hochgeschwindigkeitszug oder eine durchaus bequeme, fahrtüchtige Kutsche. Dann beginnt die Lehne zu leben und im Stiefel steckt das Stuhlbein – nein, im Stuhlbein steckt der Stiefel.

Das Kind erlebt die Wesenhaftigkeit der Dinge ganz unmittelbar. Das Stuhlbein sieht nicht nur aus wie ein ICE – in diesem Moment wird es das auch. Kinder haben die Möglichkeit sich von allem inspirieren zu lassen und damit einen schöpferischen Prozess zu beginnen.

Bei einem Rundgang durch unsere Grundschulen fragt man sich, wo dieses schöpferische Potenzial geblieben ist. Dass Schulstühle nicht zur Umgestaltung freigegeben sind, mag verständlich sein. Warum die Schulhauswände aber oft mit genormten Bilderserien ausgestattet sind, wirkt angesichts des Ideenreichtums der Kinder unerklärlich. Zum Beispiel »brauner Igel, Laufrichtung nach rechts, Deckfarbe Nr. 5 auf schwarzem Tonpapier, aufgeklebte Herbstblätter, DIN A4 …« Fast rührend mutet es an, wie Kinder unter den strengen Vorgaben dennoch ihre persönliche Note einzubringen versuchen: ein Igel mit fünf Beinchen, gelbe statt schwarze Schnauze … Ein siebenjähriges Mädchen, gefragt, welches ihr Bild sei, steht lange vor der Igelserie, betrachtet jedes Bild und meint dann unsicher, dass sie es nicht mehr so genau wisse.

Wie groß mag die *Freude* und die *Möglichkeit fantasievollen freien Malens*, beides Formulierungen derzeit gültiger Lehrpläne, bei diesem Kind gewesen sein, wenn es sich nicht mit seiner Arbeit identifizieren konnte? Haben die formalen Lerninhalte wie »Farbenmischen, Farbabstufungen« oder »Figur-Grundbeziehung« dem Kind geholfen, seine Vorstellung vom Igel zu gestalten? Wohl kaum.

Die individuelle Herangehensweise des Kindes wird hier meist von einer naturalistischen Erwachsenenästhetik überlagert, die vorgibt, kindgemäß zu sein. Im Wesentlichen ist das Thema häufig nur der Anlass für das Erlernen bildnerischer Mittel. Ausdrucksformen, die das Erleben des Igels und das persönliche Verhältnis dazu einbeziehen, bleiben auf der Strecke. Beides, die Vorgabe der Ästhetik und der bildnerischen Struktur, zeigt dem Kind zum wiederholten Mal was es sonst auch, nicht zuletzt aus seinem Kinderzimmer, kennt: Ich stehe in allen Lebensbereichen weitgehender Unveränderbarkeit gegenüber.
Fertige Gestaltung und programmierte Abläufe in meist schwer durchschaubarer Funktionalität prägen das Umfeld eines Kindes auch in der Schule. Von

Variationen zu einem Schulstuhl

ICE, rechts: Gesicht, Stuhl-»bein«

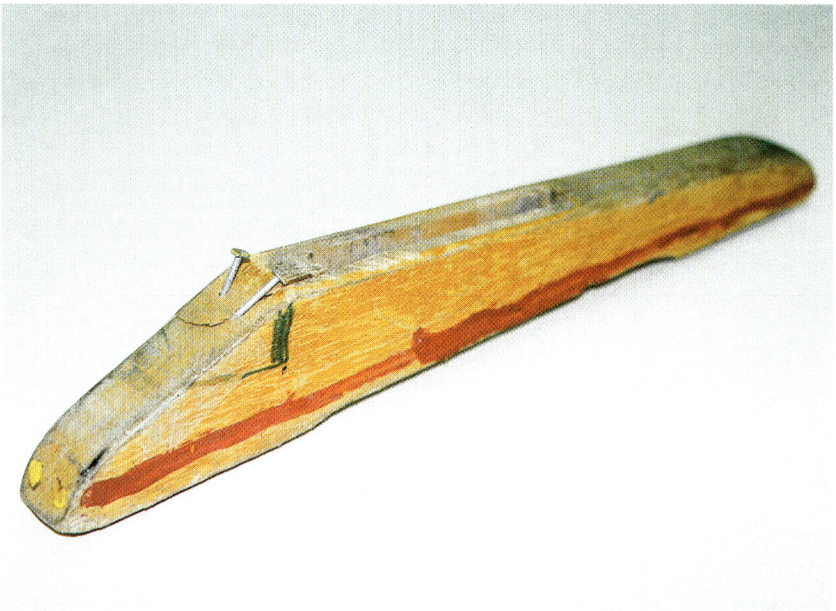

kreativen Prozessen ist meist nur dann die Rede, wenn Kinder sich trauen von den vorgegebenen Angaben abzuweichen, aber dennoch im Rahmen bleiben. Wird dieser Rahmen gesprengt, gilt die Abweichung als Störung. Und kreative Kinder »stören« tatsächlich. Ihre schöpferischen Impulse und ihre eigensinnigen Ideen suchen Raum. Wir wollen in diesem Buch zeigen, dass die Einbeziehung und damit die Förderung schöpferischer Kräfte im Unterricht gelingen kann.

Der Lehrer des Igelthemas möchte, sicher gut gemeint, bildnerische Basisarbeit leisten und überdeckt unserer Meinung nach, dass gerade die Kinder im Grundschulalter bildnerisch weitgehend souverän sind. Nicht die Vervollkommnung bildnerischer Mittel ist für diese Altersstufe nötig, sondern die zurückhaltende Förderung des vorhandenen gestalterischen Reichtums. Es führt den Kunstunterricht zu einer neuen und ungewohnten Qualität. Ein erzählerischer Impuls, ein »Fundstück« im weitesten Sinn und handwerkliche Begleitung sind ausreichend. Damit wird nicht nur die Persönlichkeitsentwicklung des Kindes unterstützt und ein verbessertes Unterrichtsklima geschaffen, sondern es können auch atemberaubende ästhetische Qualitäten entdeckt werden.

In diesem Buch wollen wir das dem lesenden Lehrer durch eine praxisbezogene Einführung mit handwerklichen Hilfestellungen nahebringen, durch Geschichten und informative Texte vertiefen und letztlich Mut machen mit vielen Fotos, die das Gelingen bestätigen. Dabei haben die Fotos nicht nur »bebildernde« Funktion, sondern auch Informationswert.

Zu den inhaltlichen Schwerpunkten sind keine Stundenbilder ausgearbeitet. Das würde den Grundsätzen dieser Arbeit widersprechen, denn schöpferische Prozesse verlaufen sehr individuell und situationsbezogen. Wir wollen daher zu eigenen Ansätzen inspirieren: Man kann sich von einer Geschichte, von einem Material oder von einem Foto anregen lassen.

Fundstücke zeigen, welche Materialien und Objekte sich für das jeweilige Thema gut eignen, was von den Kindern gesammelt und mitgebracht werden könnte.
Fundwörter dienen dem einen als Assoziationskette für die eigene Themenfindung, dem anderen als Checkliste zur Vertiefung.
Fundthemen sind konkretere Vorschläge, die sich schon gut bewährt haben.

ein Wort

Hüpfburg
Spiralfedern aus einer Federkernmatratze in Karton gesteckt.

Einbildungskraft, Imagination, Erfindungsgabe, Vorstellungskraft, Fantasie …
Viele Wörter, die man auch in einem einzigen Wort zusammenfassen kann: »Kreativität«. Ein Wort, das einem auf Schritt und Tritt begegnet, sei es im Kochbuch (»kreative Suppen«) im Wirtschaftsmagazin (»kreativ sparen«) oder in der Wahlwerbung(»kreativ handeln«).

»Kreativität ist die Fähigkeit auf Ideen zu kommen, das heißt vor allem neue, originelle und produktive Einfälle zu haben.« (Arthur Cropley)

Die Umschreibung von Kreativität fällt sicher bei jedem anders aus, weil der Begriff trotz oder gerade wegen seiner häufigen und unbekümmerten Verwendung unklar definiert ist und eine Vielzahl verschwommener Assoziationen hinter sich herzieht.

Vielfach wurde der Versuch gemacht, diesen Begriff exakt zu definieren. Dem gegenüber steht die Kritik Hartmut von Hentigs, der in seinem Essay *Kreativität, Hohe Erwartungen an einen schwachen Begriff* den Mythos Kreativität enttarnt: »Vollends verrät uns keine der begrifflichen Bestimmungen und empirischen Daten, wie und wodurch man zu dem wird, was man so nennt … [kreativ]. Die praktische Pädagogik hat durch den ausgedehnten wie emphatischen Diskurs über die Kreativität keine Hilfe bekommen.«

So wollen wir nicht noch eine Definition des gesättigten Begriffs versuchen, sondern uns auf einen Beobachtungsposten begeben. Von dort begleiten wir ein Kind beim kreativen Arbeiten und füllen das Wort mit Leben:

Thema *Hüte*. Die Kinder sind angeregt, sich Kopfbedeckungen zu basteln. Julia steht etwas ratlos im Klassenzimmer. Sie schaut herum, was die anderen so machen. Dann schlendert sie zu der großen »Allerleikiste«, in der Gegenstände aller Art wie alte Glühbirnen, Pralinenschachteln, Filmdosen, Schläuche und vieles mehr gesammelt werden. Sie wühlt in der Kiste auf der Suche nach etwas, das sie anspricht, und zieht einen Pizzakarton heraus. Julia bemalt und verziert den Hut, er wirkt fertig. Als sie ihn jedoch versucht aufzusetzen, hält er nicht.

Julia setzt sich auf einen Stuhl, den Karton auf den Knien. Was für uns wie eine Pause aussieht, ist in Wirklichkeit eine hochaktive Suchphase. Sie überlegt und tastet in ihren Gedanken alle Informationen ab, die mit der Problemlösung zu tun haben könnten. Dann beginnt sie auszuprobieren. Sie befestigt Drähte am Karton und versucht sie unter ihrem Kinn zusammenzubinden. Das ist unangenehm und hält nicht. Sie ersetzt die Drähte durch Schnüre. Das hält schon etwas besser, jedoch rutscht der Karton immer wieder seitlich vom Kopf. Sie versucht nun, den Karton gewaltsam auf ihren Kopf zu pressen. Dabei verbiegt er sich ein wenig und droht zu zerreißen. Doch das bringt die rettende Idee: Sie muss den Hut an den Kopf anpassen. Zwischen bisher gedanklich unverbundenen Faktoren hat Julia Beziehungen hergestellt. Dieser Moment wird oft umschrieben mit »zündende Idee«, »Gedankenblitz«, »Einfall«. Julia schneidet aus der Unterseite des Kartons ein ovales Loch. Sie probiert aus, bessert nach, bis ihr Kopf hineinpasst. Der Hut sitzt. Mit einer sehr individuellen Lösung! Julia hat ihre Vorstellung in die Tat umgesetzt. Sie hat innerhalb des kreativen Prozesses zu einer für sich selbst neuen Lösung gefunden und diese verwirklicht.

Der kreative Prozess, der hier von der Problemphase über die Such-, Lösungs- bis hin zur Verwirklichungsphase durchlaufen wurde, ist im Schulalltag in der Such- und Experimentierphase am störanfälligsten. Die Suchphase wird vom Lehrer oft unterbrochen, weil das Kind scheinbar untätig ist. Mit gut gemeinten Aufforderungen greift man in das tagträumerische Suchen ein. In der Problemphase warten Kinder, die herkömmlichen Unterricht gewohnt sind, auf Anweisungen. Bei den auftretenden Fragen wandert der Hilfe suchende Blick sehr schnell zum Lehrer. Die Versuchung ist groß, Julia einfach zu zeigen, wie sie den Hut befestigen kann, oder durch gezielte Vorbereitung eine Standardlösung anzubieten. Als Lehrer habe ich einen großen Erfahrungs- und Wissensvorsprung, den ich hier, wie so oft, demonstrieren kann. Doch damit verkürze oder beraube ich Julia der Phase, in der sie Unabhängigkeit und Selbstständigkeit erlebt, die Selbstbewusstsein und ein ganz besonderes Glücksgefühl mit sich bringt. Zudem übt Julia sich bei ihren missglückten Versuchen in Frustrationstoleranz.

Kommen wir zum Ausgangspunkt zurück, zum Wort »Kreativität«. Nehmen wir diesem belasteten Begriff seinen Glanz, aber auch seine Schwere, indem wir uns auf ein neues Wort verständigen: *schöpferisches Tun*. Es beinhaltet die fantasievolle Ideenfindung ebenso wie die praktische Umsetzung, ist jedoch – weil ein wenig altmodisch – frei von abgenützten Verheißungen.

In der Grundschule ist die Methode der Freiarbeit erprobt und hat sich überall bewährt. Da sie auch für das schöpferische Tun die angemessene Arbeitsform ist, sprechen wir hier von *schöpferischer Freiarbeit*.

ein Ort

»Allerleikiste«

Gestalterisches Arbeiten ist überall möglich. Wir haben mit Kindern in Garagen, Schlossinnenhöfen, Klassenzimmern, Werkräumen, auf Schulhöfen und in Pausenhallen gearbeitet. Der Werkraum bietet die besten Voraussetzungen für diese Art der Arbeit, doch auch das Klassenzimmer ist durchaus geeignet, zumal es den Vorteil hat, dass man die schöpferische Freiarbeit zeitlich flexibel einsetzen kann. Am besten lässt es sich dort arbeiten, wo auch Spuren bleiben dürfen.

Die Basis für das Gelingen sind anregende Arbeitsmaterialien. In verschiedenen Kisten gesammelt, geordnet und frei zugänglich aufgestellt, bieten sie Impulse ohne Ende.

Die Kisten sollten von Kinderhänden getragen werden können, falls sie nicht in einem Klassenzimmerregal, sondern aus Platzmangel in einem Lagerraum untergebracht sind. Fest eingeteilte »Transporteure« können dann der Erfahrung nach in wenigen Minuten die Materialien holen. Dieser Job ist obendrein sehr beliebt.

Bewährt hat sich bei uns die Einteilung in folgende Kisten:

Papierkiste: alte Schachteln, Pappstücke, Verpackungsmaterial, Papier in verschiedenen Sorten und Farben (Seiden-, Krepppapier ...), Toilettenpapierrollen ...
Holzkiste: Holzreste aus der Schreinerei, Obstkistenbrettchen, Schaschlikspieße, Holzfundstücke aller Art von Zuhause, aus dem Wald ...
Stoff-, Fellkiste: Stoffe, Fellreste, alte Strümpfe, alte Handschuhe, Filz, Lederreste, Wolle ...
Metallkiste: Blechdosen, Alufolie z.B. von Schokolade, alte Fahrradteile, Fundstücke von der Straße, von alten Elektrogeräten oder aus dem Metallcontainer ...
Plastikkiste: ausgespülte Plastikflaschen, Joghurtbecher, Innenteile von Pralinenschachteln, Filmdöschen, Tischtennisbälle ...
Kleinkramkiste: Perlen, Korken, Flaschenverschlüsse, Elektronikkleinteile ...
Naturmaterialien: Äste, Tannen- oder Kiefernzapfen, Steine, Muscheln, Federn, Strohhalme, Moos, Wurzeln ...
Allerleikiste: Zironennetze, altes Geschirr, alte Zahnbürsten, kurz: Fundstücke aller Art, die sonst nicht zugeordnet werden können.
Wenn man Platz hat, kann es auch eine Folien-, Elektro- oder »Glitzerkiste« geben; mit der Zeit spielt sich der Bedarf ein.

Großen Anklang findet auch das sogenannte »Schatzregal«, auf dem die Kinder mitgebrachte Fundstücke ausstellen können, zum Beispiel das Innenleben eines kaputten Radios, eine rostige Suppenkelle etc. Meist ist es nach der Stunde leergeräumt, doch am nächsten Tag auch schon wieder gefüllt. Man staunt, was die Kinder alles einbauen, umbauen und verwandeln.

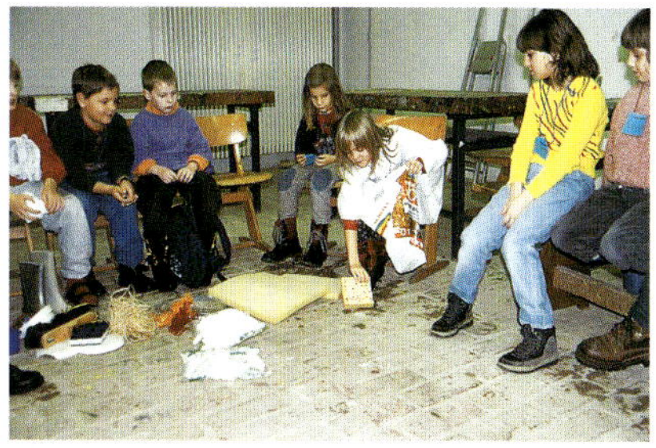

Kinder bringen Fundstücke und zeigen sie im Stuhlkreis

Zur Luxusausstattung eines anregenden Klassenzimmers gehört eine Werkbank mit zwei Schraubstöcken zum Sägen und Verleimen, sowie ein wiederverschließbarer Eimer mit Kleister für Papierarbeiten.

Da nie alle Kinder das Gleiche machen ist es bei schöpferischer Freiarbeit von großem Vorteil, dass man von keinem Werkzeug einen kompletten Klassensatz braucht. Im Lauf der Zeit kann ein kleiner Fundus mit eigenem Klassenwerkzeug angelegt werden, sodass man meist unabhängig von der Ausstattung der Werkräume ist. Werkzeuge können auch in kleinen Kisten und Schachteln aufbewahrt werden. Zur Grundausstattung gehören Hammer, Beißzange, Kombizange, Seitenschneider, Schere, Feinsäge und Fuchsschwanz, Handbohrer, Feile, Raspel, Schleifpapier, Nägel in verschiedenen Längen, Kleber, Klebeband, Holzleim. Für den erweiterten Bedarf eignen sich Drahtschere, Schraubzwingen, Schraubenzieher, Glasschneider, Teppichmesser (Cutter), Tacker und Heißklebepistole.

Für größere Arbeiten ist es sinnvoll, eine Nische in der Schule zu suchen, in der noch unvollendete Dinge zwischengelagert werden können. Dort ist vielleicht auch Platz für Holzplatten, große Pappen und andere nützliche, aber sperrige Materialien.

Damit sind die Fundamente gelegt. Es kann losgehen. Und bald zeigt sich, dass die schöpferische Freiarbeit nicht nur in der Kunststunde eingesetzt werden kann.

Die Fundstücke im Schatzregal halten eine Fülle von Geschichten bereit, die im Deutschunterricht erzählt oder aufgeschrieben werden können: Die alte Glühbirne erzählt, was sie im Dunkeln sieht, der Telefonhörer berichtet von seinen unerhörten Erlebnissen. Es können aber auch Beschreibungen zu neu entdeckten Tieren entstehen oder Theaterszenen erfunden werden.

Heimat- und Sachthemen sind integrierbar, weil sich beim schöpferischen Arbeiten oft Bezüge zur Umgebung, zur Ortsgeschichte oder zur Natur ergeben. Sachfragen stellen sich dauernd: Warum fliegt dein Flugzeug und meines nicht? Wie kann ich mein Hochhaus beleuchten? Wie lebt das Eichhörnchen? Warum schwimmt die Metallschachtel?

So wird die schöpferische Freiarbeit Schritt für Schritt zu einem unverzichtbaren Bestandteil des gesamten Unterrichts. Oft taucht die Frage auf, ob die Kinder, vor allem die Schulanfänger, mit der Fülle der Materialien überfordert seien. Sonst mit einem Blatt Tonpapier und 12 Deckfarben versorgt, stehen ihnen jetzt etliche »Fundkisten« zur Verfügung. Nach unserer Erfahrung wählen die Kinder sehr zielgerichtet aus und finden in der Vielfalt »ihr« Material: Barbara liebt roten Samt, Philipp hingegen arbeitet gerne mit Metall, während Roman dringend Büroklammern braucht, so viele, wie möglich.

»Die Pflanzenwurzeln wählen im Boden unter den vielen Elementen nur die aus, die sie benötigen, ein Insekt wählt auf bestimmte Weise aus und konzentriert sich auf die Blume, die dazu geschaffen ist, es aufzunehmen« (Maria Montessori). Kinder suchen sich das Material oder den Gegenstand, der ihre schöpferische Entwicklung voranbringt.

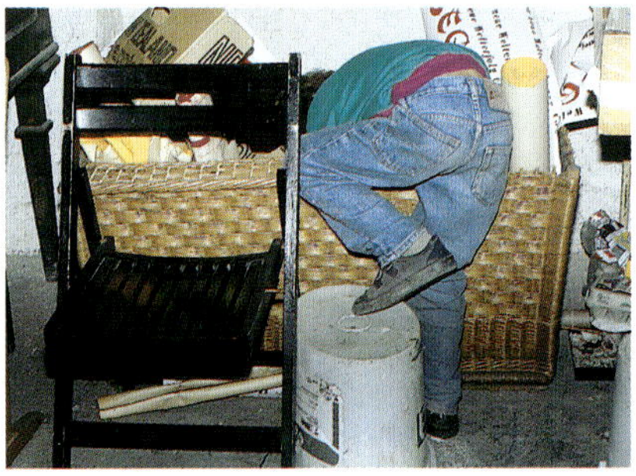

ein Kind

In der Fachliteratur wird das Profil des kreativen Kindes differenziert aufgeschlüsselt. Rudolf Seitz nennt in seinem Buch *Phantasie und Kreativität* die wichtigsten Merkmale einer kreativen Persönlichkeit: *Sensibilität, Flexibilität, Assoziationsfähigkeit, Orginalität, sich eine Sache auch anders vorstellen können, Spontaneität, Mut und Bedürfnis sich zu äußern, Fähigkeit zu Analyse und Synthese, eine Sache zu Ende führen können, Konflikttoleranz, Humor.* Beobachtet man Kinder bei schöpferischer Freiarbeit wird man diesen Merkmalen immer begegnen.

Oskar bekommt, wie alle Kinder, einen Klumpen Ton. Nach dem gemeinsamen Tierparkbesuch am Tag zuvor wollen die Kinder einen Zoo bauen.

Während allerorts Zebras, Elefanten oder Pinguine entstehen, zieht Oskar mit seinen Fingern tiefe Rinnen in den Ton, immer und immer wieder. Oskar, der im Unterricht Mühe hat sich zu konzentrieren und als leicht ablenkbar gilt, arbeitet tief versunken. Als ich ihn frage, was er mache, hebt er sichtlich verärgert den Kopf: eine Motocrossbahn natürlich. Bei genauerem Hinsehen entdecke ich neben den Fahrrinnen ein Motorrad und auch einen gestürzten Motorradfahrer. Tom kommt dazu, beobachtet Oskar und ein Gespräch beginnt. Wie sieht so ein Motocrossgelände aus? Gemeinsam entwerfen, verwerfen und bauen sie. Ihre Finger »fahren« Rennen. Am Ende der Stunde formt Oskar das zerklüftete Gelände wieder zum ursprünglichen Klumpen, als wäre nichts geschehen. Doch das stimmt nicht: Oskar hat echte Teamarbeit praktiziert, zugehört, Erfahrungen ausgetauscht. Er ist als disziplinär schwierig bekannt und hat kein einziges Mal gestört. Er gilt als unkonzentriert und hat eine Stunde ohne Methodenwechsel gearbeitet. Ihm war eine Befriedigung anzumerken, die ihn für die nächsten Stunden gelöster und aufnahmebereiter machte.

Margarete beginnt mit ihrem Tonklumpen sofort zu arbeiten. Immer wieder werfe ich einen Blick auf das Gebilde, das sich unter ihren Händen formt, ohne etwas zu erkennen. Erst zum Ende der Stunde erkenne ich dann einen Affen. Margarete hat ihn mit einem überdimensionierten Gebiss versehen, das ihm fast karikierende Züge verleiht. Ich erinnere mich, dass wir gestern die Affen lange bei der Fütterung beobachtet haben.

Magarete hat eine Form gefunden, die das Wesenhafte des Tieres zeigt. Es entstand eine persönliche und unmittelbare Verbindung zu dem Tier, auch wenn es den objektiven Proportionen nicht entspricht: In diesem Moment ist das Tier *echt* und ordnet sich keinem naturalistischen Klischee unter.

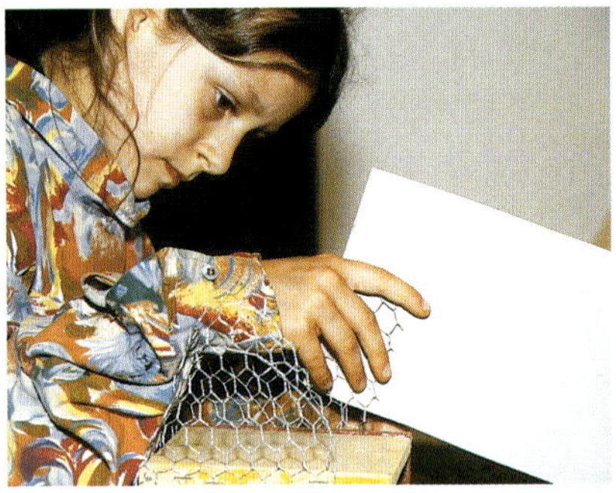

Moni versucht für die Elefanten ein Gehege mit einem Wassergraben zu bauen. Der Graben aus Ton ist schnell fertig, doch sie möchte ihn ganz echt aussehen lassen und mit etwas Wasser befüllen. Wasser weicht den Ton sofort auf, also muss sie den Ton abdichten. Sie experimentiert mit Alufolie, die aber reißt und so nicht geeignet ist. Plastikfolie ist dehnbarer, doch immer wieder gibt es Unebenheiten und das Wasser fließt nicht weiter. Erst nach mehreren Versuchen umschließt ein schmales Rinnsal das Gehege und bildet einen Ring. Moni hat nicht an Tieren gearbeitet, sondern sich mit einer eigenen Idee zum Thema beteiligt. Sie hat die Tierparkarchitektur beobachtet, sich gewundert dass manche Tiere im Käfig saßen, aber frei wirkten. Dann fiel ihr jedoch der umgebende Wassergraben auf. Was manchen eher als Themaverfehlung erscheint, ist in Wirklichkeit eine bemerkenswerte Leistung, die gar nicht hoch genug einzuschätzen ist. Die Beobachtung der Anlage, das Abdichten der Gräben und das Ausgleichen des Geländes ermöglichten viele Erfahrungen von denen auch die anderen Kinder profitierten. Dabei wurde auch das Prinzip der Wasserwaage entdeckt.

Nicht zuletzt, wenn man die hier dargestellte Stunde zum Thema Zoo betrachtet, kommen noch andere Aspekte dazu:

- Schöpferische Freiarbeit fördert soziales Lernen. Kinder tauschen sich aus, koordinieren Abläufe, sie helfen und lassen sich helfen.
- Schöpferische Freiarbeit bedeutet Wissenserwerb. Der Bezug zu den sachlichen Inhalten vieler anderer Fachbereiche lässt sich mühelos, oft sogar spielerisch herstellen. Mit dem Ausspruch eines Kindes »ich wusste gar nicht, dass ich das weiß« mag dies illustriert sein.
- Schöpferische Freiarbeit fördert die Selbstständigkeit und trägt so wesentlich zur Persönlichkeitsentwicklung bei.
- Schöpferische Freiarbeit ermöglicht ästhetische Qualität, weil nicht der Entwicklungsstand des Kindes nur »von außen« angepeilt, sondern zum Ausgangspunkt gestalterischen Arbeitens genommen wird. Dies wollen wir im Kapitel *ein Picasso* noch weiter erläutern.

ein Lehrer

Die schöpferische Freiarbeit bietet dem Lehrer die Möglichkeit in neue und bereichernde Rollen hineinzuwachsen. Das liegt in erster Linie im Prinzip der Freiarbeit.

Kinder arbeiten gerne und Kinder lernen gerne, wenn sie es selbstbestimmt tun dürfen. Diese schon aus der Reformpädagogik stammende Erkenntnis hat die heutige »Freiarbeit« hervorgebracht: frei in der Wahl der Sozialform, frei in der Wahl der Arbeitsmittel, frei in der Wahl des Tempos.

Für das schöpferische Tun ist diese individuelle Form des Arbeitens unabdingbar, denn der kreative Prozess verläuft bei jedem Kind anders. Manche brauchen viel Zeit für die Suchphase, andere vertiefen sich in die Experimentierphase, mancher kommt allein auf die besten Ideen, andere arbeiten in der Gruppe effizienter.

Wenn die Kinder merken, dass sie nicht alle das Gleiche machen müssen, dass sie ihre Aufgabe und ihr Material frei wählen können, dass sie unabhängig vom Tempo der anderen arbeiten dürfen und dass sie ihren kreativen Prozess selbst gestalten können, erst dann ist der Boden für schöpferisches Arbeiten bereitet.

Der »Freiheit« gegenüber steht eine klare Struktur: Struktur des Raumes und Struktur des Ablaufs. So können die Arbeitsphasen immer mit einem Gespräch im Sitzkreis beginnen, bei dem das Thema vorgestellt und besprochen wird, erste Ideen und Vorschläge fallen und die Gedanken der Kinder ins Rollen kommen. Anschließend suchen die Kinder sich Materialien und beginnen zu arbeiten, jeder nach seiner Art. Klare Aufräumregeln läuten das Ende des Arbeitens ein. Die Stunde wird abgerundet mit dem Sitzkreis, in dem man zeigen kann, was entstanden ist.

Das geht nicht von heute auf morgen, aber von heute auf übermorgen. Die Freiarbeit setzt ein gewisses Maß an Selbstständigkeit und Selbstverantwortung bei den Kindern voraus. Die Selbstständigkeit wächst, je mehr der Lehrer den Kindern zutraut. Die Selbstverantwortung nimmt in dem Maße zu, wie sie den Kindern übergeben wird. Das bedeutet, dass der Lehrer das Terrain des herkömmlichen Lehrens verlässt und zum Beobachter und Begleiter wird. Man erhält, wie nur selten, die Chance, Gefährte zu sein auf dem schöpferischen Weg der Kinder.

Im gestalterischen Bereich sind uns die Kinder weit voraus. Sie haben noch Zugang zu einem Potenzial, das im Laufe der Jahre zumeist stetig zugedeckt wird und bei Erwachsenen tief schlummert. Oft regt sich beim Beobachten der tätigen Kinder die Lust auf eigenes Tun. Das Beobachten und Begleiten fordert eine hohe Disziplin, denn es bedeutet in erster Linie, die Kinder in ihren Prozessen nicht zu unterbrechen. Das ist schwierig, weil wir in Problemsituationen oft Lösungsvorschläge im Kopf haben und gewohnt sind, diese weiterzugeben. Die Kinder in diesem Punkt sich selbst zu überlassen, erfordert Geduld und Zurückhaltung. Natürlich gibt es Situationen, in denen doch ein praktischer Rat erforderlich ist. Das Kapitel *»Messer, Nagel, Scher und Licht«* fasst Ratschläge zusammen. In der Regel jedoch finden die Kinder eigene Lösungen. Mag eine Lösung auch umständlich wirken, unpraktisch oder viel zu kompliziert – die selbst gefundene Lösung ist die beste! In jeder Klasse entwickeln sich zudem »Spezialisten« wie Flugzeugexperten, Stromfachleute etc., die oft mit großem Eifer ihr Wissen und ihre Erfahrung weitergeben. Sich gegenseitig helfen wird zur Selbstverständlichkeit.

Wichtig für das schöpferische Wachsen ist die Ermutigung. Der kritische Lehrerblick ist hier fehl am Platz, ein wertungsfreier Raum sinnvoll. Gerade Kinder, die sonst im Schulleben viele Misserfolge einstecken müssen, können über ihr kreatives Arbeiten neue Stärken aufbauen. Wenn Bewertung nötig ist, dann empfiehlt sich die Selbstbewertung. Die Kinder können meist sehr gut einschätzen, wie nahe sie ihren Vorstellungen mit der praktischen Umsetzung gekommen sind. Sie allein wissen, wie groß ihr inneres Engagement war, ihre Ausdauer, ihre Konzentration. Und ihre Selbsteinschätzung ist fast immer ehrlich. Auch hier ändert sich die Rolle des Lehrers. Er überantwortet die Beurteilung, weil ihm letztlich die Maßstäbe fehlen.

Und mit der langsamen Gewöhnung an die schöpferische Freiarbeit beginnt für den Lehrer der Raum des Improvisierens. Die Angst, nicht Schritt für Schritt das Unterrichtsgeschehen steuern zu können, legt sich. Kreative Prozesse der Kinder können wir nicht steuern, wir können nur unmittelbar darauf reagieren. Langsam entsteht ein Zutrauen, dass Unterricht anders laufen darf als bisher. Mit dem Impuls eines Themas, mit einer vorbereiteten Infrastruktur, mit Offenheit und Wachheit ist eine gute Begleitung möglich.

Wir kommen soweit, bei den gesättigten Kindern Hunger oder zumindest Appetit zu wecken, und zwar nicht auf Reproduktionen, sondern auf die eigene Welt im Kopf. Denn alles Schöpferische beginnt letztlich mit der Neugier – auch bei uns Lehrern.

die Badenden

Pablo Picasso, Cannes 1959,
Sechs Holzfiguren, z.T. farbig gefasst,
Höhe ca. 200 cm,
Staatsgalerie Stuttgart.

Marterpfahl

Verschiedene Holzfundstücke, genagelt, mit Dispersionsfarbe bemalt. Höhe ca. 200 cm.

ein Picasso

Lukas findet auf dem Weg zur Schule einen sehr großen, leicht verbogenen Nagel. Im Werkraum sucht er dem Nagel angemessene große Holzstücke. Ein übermannshoher Balken bringt ihn auf die Idee eines Marterpfahls. Er legt ein kleineres massives Brett darauf, nach einigen Schlägen merkt er, dass ein Nagel mit so großen Durchmesser nur sehr mühsam in das Holz dringt. Außerdem verbiegt er sich immer mehr. Von der Seite betrachtet sieht dieser Nagel aber ganz beeindruckend aus und erinnert Lukas an eine Hakennase, also wird das Brett zu einem Kopf. Als Arme lässt sich ein längeres Brett viel leichter mit meh-

reren dünnen Nägeln befestigen. In der Holzkiste findet er eine abgerundete Holzplatte. Das Viertelkreissegment sieht zwar markant aus, lässt sich aber nur mühsam am Balken befestigen. Lukas experimentiert mit Klebeband, doch das Brett fällt immer wieder ab. Erst als er eine Leiste anbringt hat er die Anlagefläche um nageln zu können.

Mit blaugrüner Farbe definiert er mit breiten Pinselstrichen neben dem »Nasennagel« Augen und Mund, die »Arme« unterteilt er durch Dreiecke in gleiche Teile. Von der hellen Holzfläche setzt sich die Farbe noch sehr wenig ab, mit kräftigem Orange bemalt er die Umgebung, von oben nach unten füllt sich so die Fläche der Vorderseite. Auf den Armen wird die Farbe immer dünner, unterhalb bleibt nur noch ein Farbrest, damit setzt Lukas ein paar Zeichen.

Die Entstehung dieses Marterpfahls zeigt hier in ihrem Ablauf das Typische schöpferischer Freiarbeit. Ist es aber angebracht auch von Kunst zu sprechen? In keiner Phase scheint das Kind bildnerische Mittel bewusst anzuwenden, alles wirkt zufällig und ausschließlich von den Problemlösungen der handwerklichen Ausführung gesteuert. Um festzustellen, ob es eine künstlerische Dimension gibt, bieten sich zwei Aspekte an: die formal-ästhetische Beurteilung des Endprodukts und die Beobachtung künstlerischer Prozesse.

Eine Stele aus rauhem Holz. Mehrere angefügte Holzplatten eröffnen der Plastik prägnante Dreidimensionalität. Als Fundstücke ersichtlich, geben sie dem Objekt Spontaneität, man kann klare und markante Formen einer menschlichen Figur erkennen. Pastoser monochrom orangener Farbauftrag unterstreicht geschickt die Einheitlichkeit der Figur und bewahrt dennoch, durch nach unten dünner werdende Konsistenz, die unterschiedliche Beschaffenheit der Oberflächen. So entsteht eine sensible Balance zwischen den eher schroffen, vereinzelten Fundstücken und einer homogenen Gesamterscheinung. Ähnlich verhält es sich mit der blaugrünen Pinselzeichnung. In der komplementären Farbigkeit und in der klaren Form entsteht größtmöglicher Kontrast zum warm-orangen Grund. Am »Kopf« der Figur werden so die Physiognomie der Augen und des Mundes klar festgelegt, auf den »Armen« dagegen gliedern dreieckige Flächen die Gesamtfläche ornamental. Auch hier nimmt der Farbauftrag nach unten an Intensität ab. Die Dreiecksformen korrespondieren mit geheimnisvollen Zeichen auf der unteren Hälfte der Stele. Hier ist das Holz im Rohzustand. Stumpf-orange Elementarformen wie Dreiecke, Kreis und Kreuz erinnern an Symbole oder Schriftzeichen. Über Farbe und Form entstehen dabei interessante Figur/Grundbeziehungen: Die gleiche Farbe ist unten Figur, wie sie oben für das Blaugrün zum Grund wird. Entsprechend verhalten sich die

kleineren Holzteile zur Stele und die ganze Figur zum Umraum. Mehrere horizontale, gelb lasierte Pinselstriche greifen die Richtung der »Arme« und des »Kopfes« auf und gliedern dadurch die Stele. Das zarte Gelb ermöglicht dem Farbklang der Plastik hohe Differenzierung, ohne bunt zu wirken.
Die Figur erinnert in ihrer Archaik an Kunst von Naturvölkern. Der Ausdruck, vor allem der Physiognomie, ist stark expressiv und kraftvoll und erhält durch den gebogenen Nagel als »Nase« eine auch humorvolle Note.

Ein derartiger Umgang mit bildnerischen Arbeiten von Kindern wirkt natürlich befremdlich und »aufgesetzt«. Es zeigt aber, dass in einer Plastik wie diesem Marterpfahl wesentliche bildnerische Mittel zu einer guten Gestaltung hin organisiert sind. Macht Lukas also Kunst? Wohl nicht, denn er reflektiert die Formensprache seiner Arbeit nicht. Und dennoch hat diese kindliche Formensprache ein hohe bildnerische Dichte. Diese spürbare Qualität übt schon lange eine große Faszination auf bildende Künstler aus. Picasso sagte einmal über sich »Früher zeichnete ich wie Raffael, aber ich brauchte mein ganzes Leben, um zeichnen zu lernen wie ein Kind …«. Tatsächlich kann man in Picassos künstlerischer Entwicklung die Tendenz von naturalistischen Anfängen zu einer immer elementareren Ausdruckskraft feststellen.

Picasso wählte den Ausdruck, den Lukas besitzt. Dieser Ausdruck wird sich im Laufe der Zeit verändern. Lukas ist also kein Künstler, er ist ein Kind. Deswegen stellt sich hier eher die Frage nach der Situation, in der Lukas so arbeiten kann wie es seinem Entwicklungsstand entspricht.

In schöpferischer Freiarbeit sind es nicht die bildnerischen Mittel, die ein Thema benützen, sondern das Kind wendet diese Mittel intuitiv zur Bearbeitung seines Themas an. Und das ist künstlerisch zweifellos angemessener.

Doch wenn man nicht nur das Endprodukt, sondern auch den Entstehungsprozess betrachtet, kann man noch eine interessante Beobachtung machen: Ein Kind wie Lukas geht vorurteilsfrei an die Arbeit. Die Veränderungen im Entstehungsprozess sind nicht das Ergebnis einer beliebigen Sprunghaftigkeit, Lukas riskiert immer wieder einen Neuanfang, weil er nicht auf einen programmierten Ablauf festgelegt ist. Es ist *seine* Arbeit, sie ist konzentriert und unmittelbar. Das alles sind Qualitäten, die auch für einen künstlerischen Prozess wichtig sind.

Wenn nun also alles so schön geregelt ist, braucht man dann noch Kunsterziehung? Und wohin mit der ehrwürdigen Kunstdidaktik? Da möchten wir vor allem beruhigen: Man muss den Kindern nicht zuerst den Kalt-Warm-

Kontrast erklärt haben, bevor man dem Schulrat die Ergebnisse vorlegen kann. Die ästhetische Qualität lässt sich mit etwas Seherfahrung immer kunsterzieherisch begründen. Wir haben die Erfahrung gemacht, dass kleine Hinweise auf formale Bezüge oder unscheinbare Details die zunächst spürbare Ratlosigkeit bei Erwachsenen in Begeisterung verwandeln können. Kunstdidaktik ist also nicht unnötig, sie verlagert nur ihre Schwerpunkte und bekommt eine neue Aufgabe: sie bezieht auch Eltern und Lehrerkollegen in die Vermittlung mit ein.

Das bewusste Erlernen bildnerischer Mittel verschieben wir weiter nach oben: Das gezielte Erweitern bildnerischer Ausdrucksmöglichkeiten wird unserer Meinung nach vor allem dann wichtig, wenn die Kinder an ihren Arbeiten ihre eigene Kindlichkeit entdecken. Spätestens ab der sechsten Klasse entsteht eine größere Distanz zu den bisherigen Darstellungsmöglichkeiten. Kurz gesagt, mit immer mehr Perspektiven wächst das Bedürfnis nach Perspektive.

In der Grundschule dagegen geht es zunächst um ein behutsam anregendes und förderndes Umfeld. Was Hartmut von Hentig allgemein zur Kreativität sagt, wollen wir auf unsere konkrete Praxis beziehen: »Man kann Kreativität nicht so sehr ›fördern‹ oder gar ›herstellen‹, man muss sich die Verhinderungen klarmachen und diese vermeiden oder ausräumen.«

Messer, Nagel, Scher und Licht …

Mitarbeit und Illustrationen: Rosemarie Zacher

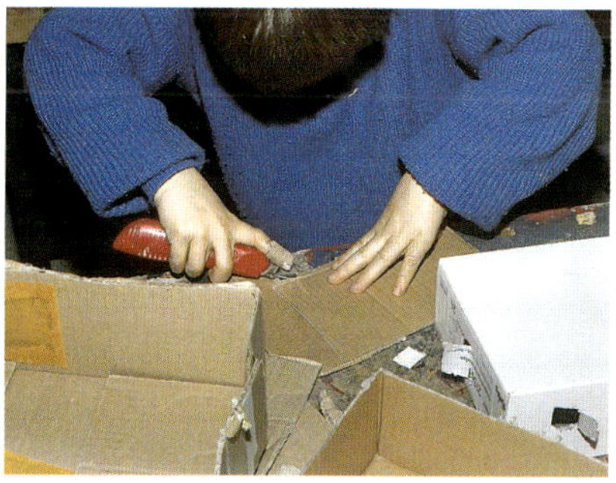

… sind für Grundschulkinder nicht? Mitnichten. Messer sind gefährlich, wenn sie stumpf sind. In mehr als zehn Jahren schöpferischer Freiarbeit sind bei uns sicher nicht mehr als drei Dutzend Pflaster nötig gewesen. Gravierende Verletzungen gab es dabei überhaupt nicht. Das Zutrauen, Kinder mit vielen unterschiedlichen Werkzeugen selbstständig arbeiten zu lassen, entwickelt sich meist erst nach und nach und ist auch abhängig von den einzelnen Kindern. Manche müssen zunächst ermutigt werden, auch mal eine größere Säge in die Hand zu nehmen oder mit einer Kombizange zu arbeiten, anderen ist der Werkzeuggebrauch schon sehr vertraut. Beim Umgang mit den Werkzeugen sind allgemeine Regeln und Abmachungen jedoch sinnvoll, die im Sitzkreis am Anfang der Stunde besprochen werden können.

In der schöpferischen Freiarbeit werden oft durch die sehr unterschiedlichen Fundstücke viele Materialien kombiniert, deren Verbindung einer Handarbeitslehrerin nicht »werkgerecht« scheinen werden. Tatsächlich erfordern die vielen Erfindungen und Verbindungen auch viele unterschiedliche Ansätze in der technischen Realisierung. Aber auch hier sind die Kinder zunächst auf sich gestellt. Mit der Selbstständigkeit wächst dabei bei den Kindern neben der Verantwortung auch die Erfahrung und das Zutrauen eigene Lösungen zu finden. Diese sind dann oft sehr unkonventionell und erfolgreich, manchmal aber gelingen sie einfach nicht. Je nach Temperament und Frustrationstoleranz ist die Geduld der Kinder mehr oder weniger groß, noch einen anderen Weg auszuprobieren. Für den begleitenden Lehrer ist dann Fingerspitzengefühl nötig, um zu entscheiden, wie viel Anregung und Hilfe er einbringt.

In jedem Fall bedarf es natürlich gelegentlicher Hilfestellung. Um dem Lehrer in dieser Situation beizustehen, sind in diesem Kapitel Hinweise und Hilfen zu Material und Technik in Wort und Bild zusammengefasst. Wir haben die Erfahrung gemacht, dass sich die auftretenden Fragen und Probleme immer wieder sehr ähneln. Um häufige Wiederholungen zu vermeiden werden deshalb in unserem Praxisteil nur dann besondere Angaben zur Realisierung gemacht, wenn sie in diesem Kapitel nicht erwähnt sind.

Papiermaché

kann auf verschiedene Arten hergestellt werden. Am einfachsten ist es, normalen Tapetenkleister in kaltem Wasser anzurühren und eine halbe Stunde quellen zu lassen. Gerissene Zeitungsschnipsel lassen sich mit dem Kleister zu einem Teig verkneten und wie Modelliermasse formen.

Einfacher und schneller trocknend ist folgende Methode:

Je nach Größe der Figur werden gerissene Zeitungsstückchen, -streifen oder ganze Zeitungsseiten mit der Hand eingekleistert und z.B. über eine Maschendrahtkonstruktion in mehreren Schichten gelegt und glatt gestrichen.

Kleisterreste müssen aus Eimern oder Gläsern nicht unbedingt ausgespült werden. Zugedeckt lassen sie sich einige Zeit aufbewahren, eingetrocknet als »Film« mühelos abziehen.

Modelliermasse

wird entsprechend der Anleitung wie ein Plätzchenteig angerührt bis die Masse nicht mehr an den Händen kleben bleibt. Um möglichst materialsparend zu arbeiten kann man – als Kern – mit geknülltem Zeitungspapier beginnen. Die Modelliermasse trocknet an der Luft.

Gips

kann, mit Wasser angerührt, zum Füllen von Hohlformen und zum Landschaftsbau verwendet werden. Da er in trockenem Zustand leicht bricht, sollte er mit einer Art Trägernetz (z.B. Gaze, Rupfen oder großmaschigen Stoffen) stabilisiert werden. Hervorragend eignen sich Gipsbinden aus der Apotheke, die jedoch, in kleine Streifen geschnitten und in Wasser getaucht, schnell verarbeitet werden müssen.

Löcher, Aufhängungen oder Befestigungen sollten bei allen Arbeiten mit Papiermaché oder Modelliermasse im feuchten Zustand angebracht werden. Dazu kann man einfach einen Nagel, Draht oder ein Stöckchen für spätere Löcher mit einarbeiten. Aus Draht gebogene Schlaufen ersetzen teure Ringösen. Fertige Arbeiten können zum Trocknen auf eine glatte Unterlage gelegt oder auch aufgehängt werden.

… was Nägel alles können

Wenn man zwei Holzlatten im Winkel miteinander verbinden will, ist ein kleines Holzklötzchen zur Stabilisierung nützlich. Fester sitzt die genagelte Verbindung, wenn die Nägel schräg und zueinander versetzt eingeschlagen werden.
Um die Finger beim Nageln aus der Gefahrenzone zu bringen, kann man den Nagel durch einen Karton stechen und ihn mit diesem einfachen Hilfsmittel positionieren. Bei Holz kann dem Nagel durch einen kleinen Hammerschlag auf seine Spitze die Keilwirkung genommen werden.
Mit einer Kneif- oder Beißzange kann man Nägel aus dem Holz ziehen. Dabei wird der Nagel möglichst weit unten gefasst und durch »Abrollen« herausgezogen. So nützt man die Kraft der Hebelwirkung.

Nägel können aber nicht nur Verbindung sein, sondern auch Halte- und Angelpunkte, Geländer, Reeling, Steuerknüppel …

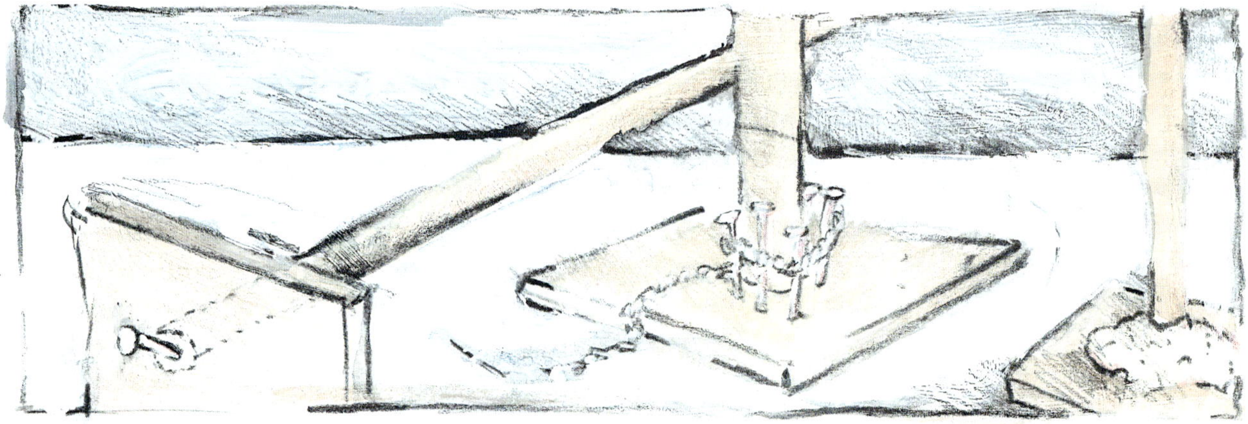

der Stock ans Brett

Es gibt eine Vielzahl von Möglichkeiten, einen Mast aufzustellen, für Objekte einen Ständer zu schaffen oder einen Ast als Baum auf einem Brett zu befestigen: In der Ausführung ist es für Kinder einfach, Nägel dicht um den Stock in die Bodenplatte zu schlagen und diese mit Draht oder Schnur zu umwickeln. So entsteht eine stabile Halterung.

Bei »weicheren« Gegenständen schlägt man zunächst einen langen Nagel von unten durch die Platte und setzt das Objekt hinterher auf. Bei kleinen oder ganz leichten Gegenständen ist es am einfachsten, sie in Modelliermasse oder Knete zu stecken.

Rundungen und Kreise

lassen sich schnell durch diesen Zirkel herstellen. Dazu schlägt man einen Nagel in den Mittelpunkt und hängt daran die Schlaufe einer Schnur in Radiuslänge. Mit dem Stift am anderen Ende der gespannten Schnur lässt sich ein Kreis zeichnen.

Sägen Der Umgang mit dem Fuchsschwanz ist einfach, wenn man folgende Grundregeln beachtet: Möglichst locker in Zugrichtung mit dem ersten Anritzen beginnen, sonst aber nur in Stoßrichtung leichten Druck ausüben und drucklos zurückziehen. Immer möglichst nah an der Auflagefläche oder am Schraubstock absägen.

Damit das letzte Stück nicht absplittert, sägt man im flachen Winkel und bittet jemanden, das Ende festzuhalten. Beim Sägen längerer Schnitte kann man ein Brett als Führung an das Werkstück spannen. Wenn das Sägeblatt klemmt, hilft ein kleiner Keil im Spalt.

Pappe lässt sich oft besser sägen als schneiden. Rundungen sägt man mit der Laubsäge.

… und jetzt ein Loch hinein

In die meisten Materialien wie Pappe, dünnes Holz, Blech etc. lassen sich Löcher mit Hammer und Nagel schlagen. Der Nagel wird ein kleines Stück eingeschlagen und wieder herausgezogen. Wenn Tische zu schonen sind, dient ein Brett als Unterlage.

Beim Bohren ist es wichtig, das Werkstück in einen Schraubstock einzuspannen. Zum Schutz von Werkstücken mit empfindlichen Oberflächen werden kleine Hölzchen zwischen diesem und den Schraubstockbacken gesetzt; bei unregelmäßigen Formen kann man mit anpassungsfähigen Materialien ausgleichen.

Wenn bei zu kompakten oder leicht splitternden Materialien der Handbohrer nicht mehr genügt, ist die Verwendung einer elektrischen Ständerbohrmaschine für Grundschüler gut geeignet.

Der Bohrer wird im Stillstand abgesenkt, um den Ansatzpunkt und die Bohrtiefe zu prüfen. Wenn Haare, Ketten und Schals in Sicherheit gebracht sind, kann man die Bohrmaschine anschalten und den Hebel langsam nach unten ziehen.

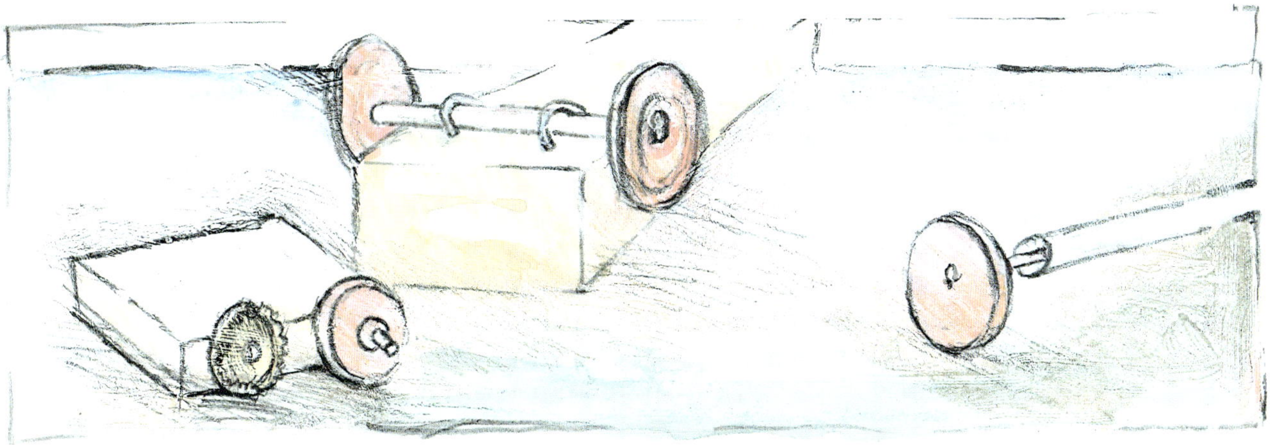

Räder

Vieles, was von Kindern gebaut wird, benötigt Räder und Rollen. Oft genügt schon die Illusion einer möglichen Bewegung durch angeklebte Korken oder Pappscheiben. Wirklich bewegliche Räder und Rollen sind aber auch nicht schwer herzustellen: Ein Nagel durch das etwas geweitete Loch in einem Bierdeckel, Kronkorken oder in einer Weinkorkenscheibe gesteckt lässt sich an einem Holzblock befestigen. Damit den Rädern etwas Spiel bleibt, wird der Nagel nicht ganz eingeschlagen und am besten mit einer Beilagscheibe (kleine Metallplättchen mit Loch, im Baumarkt erhältlich) links und rechts stabilisiert.
An einer festen Achse können auf die gleiche Art Räder befestigt werden.
Eine gute Möglichkeit ist, die Räder aufzubohren und auf die Achse zu stecken. Damit sie nicht abfallen brauchen sie eine Führung. Eine bewegliche Achse läuft in einem Hohlrohr oder in Ösen, die zum Beispiel aus umgebogenen Nägeln bestehen können. Aber vielleicht lassen sich auch schon fertige Rollen auf Wertstoffhöfen oder im Messebau finden …

Aus eigenem Antrieb …

Ob zu Lande, Wasser oder in der Luft: mit einem einfachen Haushaltsgummi kann ein Propeller, eine Schiffsschraube oder Garnrolle in Rotation gebracht werden. Das Gummiband wird dabei durch zwei nebeneinander angebrachte Löcher z.B. eines Schaufelrades gefädelt und verknotet. Wenn dann der Gummi am Gestell des Bootes befestigt wird, kann das Rad »aufgezogen« werden.

Maschendraht
eignet sich gut um große, leichte Figuren oder Hohlformen herzustellen. Diese kann man mit Stoffen oder Papiermaché verkleiden, lackiert sind sie sogar witterungsbeständig. Maschendraht, auch Hasendraht genannt, wird in Baumärkten und Gartencentern verkauft. Er kann gut ge- und verformt werden und mit Draht oder Schnur kann man ihn »zusammennähen«. Wenn es dabei piekt, sind Handschuhe praktisch. Das Gitter lässt sich mit einer einfachen Drahtschere oder einem Seitenschneider, aber auch mit einer alten Gartenschere teilen. Kombizangen sind dafür zu klobig und machen die Arbeit mühselig. Haushalts-, Stoff- oder Papierscheren schneiden zwar zum Teil auch Blech oder Draht, sind aber danach schartig und für feinere Materialien wie Papier und Stoff völlig unbrauchbar. Draht lässt sich auch gut »abnackeln«, d.h. so oft biegen, bis er bricht.

Knicken, Falzen und Trennen … Mit Schere und Lineal lassen sich Papiere oder Pappen anritzen um genau geknickt werden zu können. Starke Pappe kann mit dem Cutter und Lineal angeritzt und dann gebrochen werden. Die Bruchkante kann bei Bedarf glatt geschmirgelt werden.

Ähnlich ist die Vorgehensweise bei Glas- und Spiegelstücken: Mit dem Rädchen des Glasschneiders am Lineal mit etwas Druck entlangfahren, sodass sich das Rädchen noch dreht und ein knisterndes Geräusch zu hören ist. Wenn man nun einen Schaschlikspieß unter den Ritz legt kann man das Glas mit sanftem Druck brechen. Zur Sicherheit ist es ratsam ein Tuch über die Glasplatte zu legen.

Gipskarton und Pappe Gipskarton und beidseitig kaschierte Wellpappe eignen sich für stabile Bauten wie Häuser, Mauern und Burgen, weil sie sich einfach bearbeiten und gut bemalen lassen.

Elektrik

Es ist sehr reizvoll, die gefertigten großen und kleinen Objekte von innen und außen zu beleuchten. Neben Teelichtern und Taschenlampen sind weihnachtliche Lichterketten eine eindrucksvolle, kostengünstige und wiederverwendbare Lösung. Mit einer elektrischen Grundausstattung aus Kabeln, Fassungen und Birnchen machen die Kinder aber auch praktische Erfahrungen, wenn sie die Lampen in Serie und parallel schalten. Einen Schalter zum An- und Ausknipsen kann man als Puppenstubenzubehör kaufen oder ihn nochmal »nacherfinden« lassen. Um Batteriestrom zu sparen ist der Erwerb eines Netzteils sinnvoll. Er transformiert den Strom aus der Steckdose und ist nicht teuer.

bewegliche Verbindungen

Um bewegliche Verbindungen zu schaffen, kann man für Papier oder Pappe Musterbeutelklammern nehmen oder Schlaufen aus Draht biegen. Diese werden durch Löcher der beiden zu verbindenden Teile gesteckt und umgebogen. Stabile Scharniere oder Gelenke lassen sich ganz einfach durch Leder- oder Stoffstreifen herstellen. Um dabei das Ausreißen der Gelenke bei weichen Materialien zu verhindern, sollten die Enden zum Beispiel mit Klebeband verstärkt werden.

Kleben
Bei Klebeverbindungen kann man zur Trocknung anstelle von Schraubzwingen einen »Schnurknebel« verwenden. Dazu verknotet man eine Schnur um den Gegenstand. Mit einem Stöckchen dreht man die Schlinge fest zu.

Schleifen
Schleifpapier soll man nie mit der Schere schneiden, sondern knicken und reißen. Wenn man es um einen Holzklotz oder Rundstab wickelt und vielleicht festtackert, kann man ein eigenes Schleifwerkzeug herstellen.

Hebel
Um manche Arbeiten selbstständig ausführen zu können ist es gut, wenn die Kinder die Möglichkeiten der Hebelwirkung ausnützen.
So lassen sich zum Beispiel Ringösen mit einem Stöckchen mühelos ein- und ausdrehen.

Farben
Sie lassen sich preisgünstig mit Tapetenkleister und Pigmenten aus dem Künstlerbedarf in größeren Mengen herstellen. Wenn man wasserfeste Farben braucht, kann man den Kleister durch wasserfesten Holzleim ersetzen. Dieser wird mit Wasser etwas verdünnt. Pinsel sollte man gelegentlich mit Kernseife nachwaschen und mit den Borsten nach oben abstellen. So bleiben sie lange geschmeidig.

Heißklebepistole und Tacker
Mit der Heißklebepistole lassen sich viele, auch »unseriöse« Materialverbindungen, schnell herstellen. Der eingeführte Kunststoffstab wird erhitzt und flüssig aufgetragen. Beim Erkalten erstarrt die Klebemasse und wird sofort hart. Da ähnlich heiß wie ein Bügeleisen sollte man den frischen Klebstoff und die Pistolenspitze nicht berühren. Den Tacker setzt man fest auf das Werkstück, gegebenenfalls kann man die Klammer mit dem Hammer »nachschlagen«.

Engel, Flugzeug und Raketen

Engel, Flugzeug und Raketen

Fliegen, segeln, schweben … wer möchte es nicht können? Kinder sind gute Beobachter und können sich von Vögeln, Insekten und kleinen Flugkörpern (z.B. Löwenzahn- oder Ahornsamen) Flugprinzipien wie den Gleit-, Propeller- oder Fallschirmflug abschauen. Sie experimentieren, probieren, simulieren, bauen gleitende Papierflieger, schwebende Ballone, schwirrende Insekten und Fluggeräte, die hochtechnisiert wirken.

Dabei genügt es ihnen, wenn die Dinge »fliegen«, weil sie an einem Nylonfaden aufgehängt sind, mit der Hand durch den Raum bewegt werden oder sich aufgrund guter Windverhältnisse sekundenlang in der Luft halten.

Wenn die Kinder sich mit eigenen Flügeln ausstatten und damit über den Schulhof rennen, lebt der Flug von der Illusion. Beflügelt von der Fantasie heben sie innerlich ab.

Auch das Schweben von Raumstationen und Raumsonden in fernen Galaxien ermöglicht ein durchsichtiger Faden. Mit Maschendraht und eigenen Fundstücken entsteht eine eigene Welt.

Spannend wird es, wenn ein »Klassenplanet« von größerem Umfang diesen Welten ein Zentrum gibt und das Klassenzimmer durch den Planetenhimmel in eine neue Galaxie verwandelt wird.

Fundstücke: Pappe, Zeitungspapier für Pappiermaché, Seidenpapier, Pappröhren, Butterbrotpapier, Gummi, Watte, Maschendraht, Drahtreste in verschiedenen Stärken, Elektronikschrott, Alufolie, Folienreste …
besser kaufen als finden: Kleister, Nylonfaden.
Fundwörter: Flugzeug, Segelflieger, Papierflieger, Rakete, Hubschrauber, Luftschiff, Luftballon, Fesselballon, Fallschirm, Luftpost, Brieftaube, Schwerkraft, Auftrieb, Ufo, Flughafen, Kolibri, Adler, Luftschlange, Luftlinie …
Fundthemen: Fluggeschichte mit Ikarus und Dädalus, Spaziergang im Wind, Hüte, mit denen man fliegen kann, Der Klassenplanet, Seltsame Planeten mit seltsamen Bewohnern, Ein Himmel an der Klassenzimmerdecke …

kleiner Vogel,
aus dem Nest gefallen.
Weißer Ton, bemalt mit
Dispersionsfarben,
weil ungebrannt so
zerbrechlich wie
ein Vogeljunges.

großer Vogel
Massivholz gesägt, Verbindungen genagelt, mit Dispersionsfarbe bemalt und teilweise mit eingefärbten Vogelfedern beklebt. So groß und schwer, dass er nur mit Hilfe von zwei Kindern vom Boden abheben kann. Doch er ist auch sehr empfindlich: Sein Schnabel besteht aus einem Strohhalm.

fliegender Vogel
Massivholzfundstücke, z.T. gesägt, geleimt, teilweise bemalt. Die außergewöhnliche Beweglichkeit erhält er durch »Lederscharniere«, kleine Lederstücke, die als Verbindung zwischen Körper und Flügel dienen. Vielleicht könnte man noch mit Spiralfedern experimentieren oder an Fäden den Vogel als Marionette davonflattern lassen.

fliegender Mensch – Ikarus
Körper aus Maschendraht und Papiermaché, Flügel mit der Laubsäge aus Sperrholz gesägt. Wäre der Körper leichter oder kleiner und würden die Flügel durch mit Seidenpapier bespannte Drahtkonstruktionen ersetzt, könnte man Gleitversuche riskieren. Doch so hängt er an der Decke und lässt träumen – vom Traum.

fliegen wie die Vögel

eine Geschichte ***Bertram fliegt***

Bertram beobachtete den Falken Tag für Tag. Wie er am Himmel schwebte, lautlos und als ob seidene Fäden ihn hielten. Tag für Tag.

Bertram wollte fliegen lernen. Laufen und schwimmen konnte er ja schon. In seiner quittegelben Hose hatte er das Laufen gelernt. »Schaut nur, er geht wie ein Prinz«, hatte die Mutter gerufen. Schwimmen hatte ihm der Vater beigebracht, in der tulpenroten Badehose. »Er schwimmt wie ein junger Gott«, sagte der Vater, wobei er selbst nicht genau wusste, wie gut junge Götter schwimmen. Nun wünschte Bertram sich eine tintenblaue Hose, um Fliegen zu lernen.

Leider bekam er nur einen himmelblauen Pullover. »Auch gut«, sagte Bertram, denn der Pullover war dem blauschimmernden Gefieder des Falken sehr ähnlich. Bertram blickte in den Himmel. Der Falke kreiste über dem Dach. Bertram stellte sich an die Hauswand, weil sich hier der Wind fing.

Günstig zum Starten.

Der Falke sauste im Sturzflug herab und setzte sich auf den Giebel des Hauses. Fast schien es, als winkte er Bertram mit seinem Flügel. Bertram wartete. Der richtige Wind würde schon kommen, der ihn hinauftrug.

Und tatsächlich.

Plötzlich hob er vom Boden ab und – als sei er an seidenen Fäden befestigt – zog es ihn nach oben. Dort flatterte er ein paarmal mit den Armen, bevor er wie ein junger Gott davonflog – denn fliegen können junge Götter – das ist klar. Der Falke begleitete ihn. Doch bald vermischte sich der blaue Pullover mit dem Blau des Himmels und des Gefieders, sodass niemand mehr sagen konnte was ist Himmel, was ist Falke und was ist Bertram.

warten auf Auftrieb

Fesselballon aus schamottiertem Ton, gebrannt. Wem das zu riskant ist, kann aussteigen, noch ist die Tür offen.

auf leichten Federn durch die Lüfte

Holz, diverse Fundstücke, bunte und weiße Federn. Man sieht, dass man auch ohne großen Aufwand stilvolle Flugreisen unternehmen kann.

das fliegende Klassenzimmer

Flugapparat
Bei sehr großen Flügeln sind bewegliche Verbindungen zwischen den Schwingen sinnvoll, nur eine Öffnung für den Kopf bleibt ausgespart.
Ein Tipp für Flugpioniere:
Die Zeichnungen von Leonardo da Vinci inspirieren zu weiteren Erfindungen.

Vogelmenschen und Fabelwesen
Flügel aus beidseitig kaschierter Wellpappe, die Silhouette wurde mit einem Teppichmesser ausgeschnitten, Masken oder Helme aus Kartons, zum Teil mit Papiermaché und anderen Pappfundstücken ergänzt, mit Dispersionsfarbe und Wachskreiden bemalt und zum Teil beklebt.
Nur wenig ist nötig, um eine ganze Klasse zu verwandeln.

geflügelter Helm
Beidseitig kaschierte Wellpappe, Fundstücke und Schneidereste, in Karton eingesteckt und mit Klebeband fixiert. Die Augen sind mit Maschendraht vergittert, man weiß ja nie, wer einem auf seinem Flug begegnet.

Armschwingen
Halterungen für die Hände gelingen leicht, wenn man eine nicht zu dünne Schnur mehrmals durch zwei jeweils gegenüberliegende Löcher in der Pappe fädelt.

Flugversuche
Auf den richtigen Sitz der Flügel kommt es an. Ist die beste und angenehmste Lösung gefunden, kann man sie ausprobieren, dann spürt man den Luftwiderstand in den Schwingen. Man wird plötzlich ganz leicht …

startendes Raumschiff
Bemalter Holzblock. Der kurze, aber heftige Antrieb gelingt durch zwei seitlich angebrachte Wunderkerzen.

auf Wiedersehen, Erde

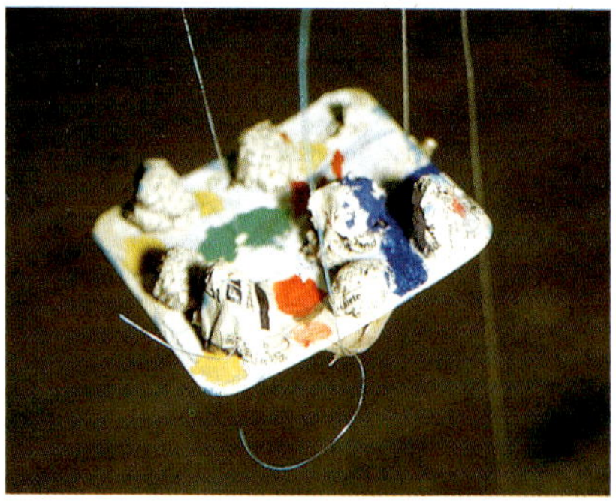

dieses Flugzeug hat das Land immer mit dabei
Holz mit verschiedenen Materialien. Das »Land« besteht aus einem Bierdeckel mit Papiermachébergen und winzigen Fundstücken als Städte, Flüsse, Hochhäuser, Autos und vielem mehr. Da es an Fäden hängt, ist es immer dabei, ganz weit unten …

auf meiner Lieblingswolke
Ein Holzbrett mit verschiedenen hell farbigen und weichen Materialien beklebt. Silber- und Goldfolien als Füllhörner und Himmelsharfe sowie ein watteweiches Seidenbett lassen es an nichts fehlen.

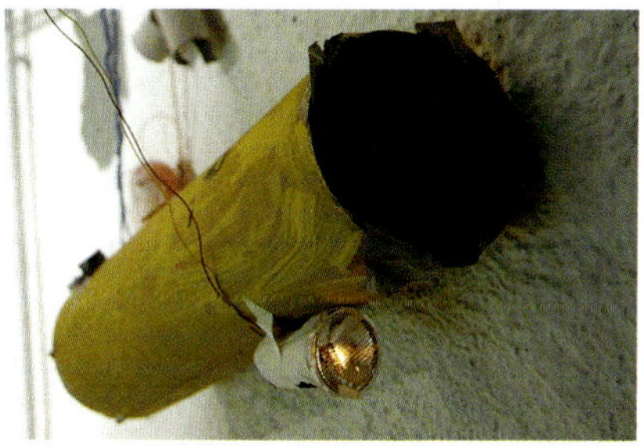

beleuchtete Rakete
Papprröhre, bemalt und beklebt, die Fahrradlampe ist an eine eingebaute Batterie angeschlossen. Mit diesem Suchscheinwerfer braucht man sich vor keinem schwarzen Loch zu fürchten.

eine Maßrakete für die Marsfamilie
Maschendraht, Papiermaché, Farbe, zum Teil beklebt. Ob die Marsmenschen schon raketenförmig geboren werden?

beleuchtetes Raumschiff
Holzfundstücke, genagelt und geleimt, mit Drahtaufhängung und Fahrradlampe. Groß, flach und hell bietet es einen guten Landeplatz für andere Weltraumflieger.

intergalaktische Raumstation
Holzplatte mit Elektronikkleinschrott, Fotoapparat als Kommandozentrale, Zahnbürstenlaser und vielem mehr …

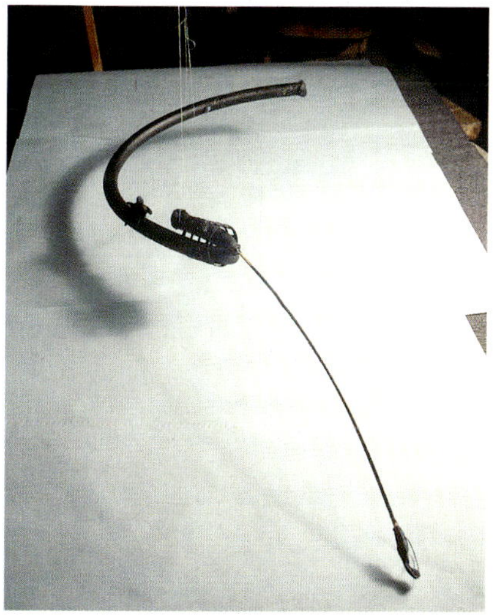

Forschungsraumschiff
Gartenschlauch, Draht, Astronaut aus Knetmasse, alles mit schwarzer Dispersionsfarbe bemalt. Mit seinem weit ausladenden Sensor gleitet das schwarze Raumschiff unerkannt durch die Galaxie, der Astronaut steuert die Operationen im Damensitz.

Leben im All

Schuhplanet
Verschnürte Schuhe.
Die vielen Öffnungen
und Hohlräume
bieten den kleinen
Schuhbewohnern
mannigfaltigen
Lebensraum.

Einsiedlerplanet
Metalltasse,
Knetmasse, Papier.
Wie Diogenes
in seinem Fass
lebt der Bewohner
dieses Gestirns
und wartet auf
Besuch … oder
aber er hilft sich
selbst und baut
eine Verbindung zum
Nachbarplaneten.

auf dem Kometen durch das All
Knetmasse, Kometenschweif aus bunten Federn. Möchte man sich da noch etwas wünschen?

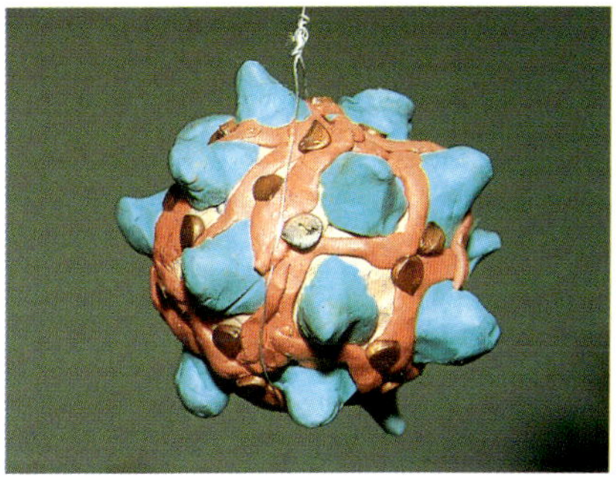

kleiner Planet
Farbige Knetmasse über einem Kern aus Zeitungspapier. So wie es aussieht ist er unbewohnt, aber sehr attraktiv.

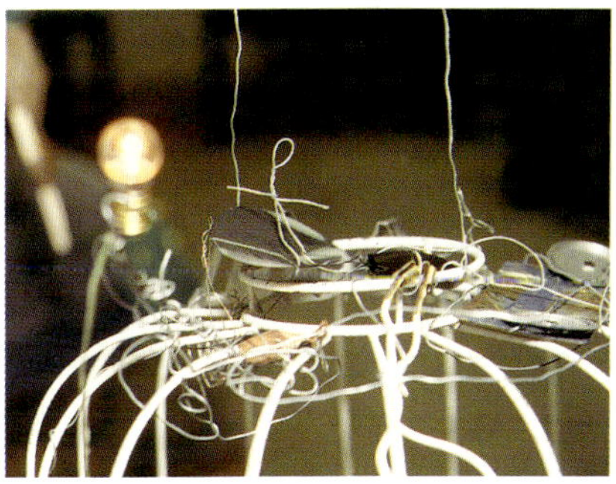

Metallplanet mit Tänzer
Das Gestell eines alten Lampenschirms ist mit verschiedenen metallischen Fundstücken und Draht zu einem filigranen Meisterwerk geworden. Die eingebaute Glühbirne beleuchtet die Tanzfläche und sorgt für etwas Wärme.

Sterngucker
Holz, zum Teil bemalt, die Pappröhren sind drehbar. Wenn gerade nichts vorbeifliegt, kann man den selbstgemachten Mond beobachten.

gemeine Stubenfliege
getrocknete Holzmasse, Drahtbeine, die Flügel sind mit Seidenpapier beklebt. Ihren scharfen Fliegenaugen aus Dachpappennägeln entgeht nichts: Ob das lästig ist?

Fluginsekten

Blumenfalter
Körper aus Modelliermasse, die Flügel sind Teile bemalter Papieruntersetzer. Wenn der Falter so heiter wie das Dekor ist, dann hat er wohl ein unbeschwertes Leben.

unentdecktes Rieseninsekt
Körper und Flügel aus Maschendraht, mit Papiermaché kaschiert und glänzend lackiert, Fühler und Beine aus Draht, die Augen aus Teilen einer Pralinenschachtel. Mit einer Spiralfeder auf Holzbrett montiert sieht der wippende Riesenbrummer noch gefährlicher aus!

Pelzfalter
Körper aus Maschendraht, beklebt, Flügel aus Kunstpelz. Ein Schmetterling zum Liebhaben, denn er fliegt sicher nie davon.

Bühne, Vorhang, Rampenlicht

Bühne, Vorhang, Rampenlicht

Die Thematik Figurentheater spricht durch die vielfältigen Aspekte meist alle Kinder an. Die Figuren selbst sind immer individueller Ausdruck und können je nach Alter und Anspruch einfache Fingerpuppen oder kompliziertere Stabpuppen und Marionetten sein. Das gilt auch für Requisiten, Kulissen und Bühne. Für die Mechanik eines Theatervorhangs oder für einen Beleuchtungseffekt benötigt man ebenso einen Spezialisten wie die schauspielerischen Talente. Und die können schon mit einem Besen und einer Kehrschaufel herzzerreißende Stücke aufführen.

Um die Vielzahl und die Spontaneität der Spielideen zu zeigen sind oft Videoaufzeichnungen empfehlenswert, nicht zuletzt deshalb, weil die Kinder ihr Ergebnis und sich selbst beobachten können.

Fundstücke: Alltagsgegenstände für das unmittelbare Spiel und zum Weiterbauen und bekleben: Schaschlikspieße, Stöcke, Zahnbürsten, Haarbürsten, Pinsel, Kochlöffel und andere Küchengegenstände, Socken, Strümpfe, Tücher, Schuhschachteln, Kisten …

Materialien: Pappe, trocknende Modelliermassen, Papiermaché, Holzleisten …

Fundwörter: Scheinwerfer, Eintrittskarten, Programm, Windmaschine, Rolle, Geräusche, Applaus, Kostüme, Masken, Schauspieler, Regisseur, Rang, Loge, Vorhang, Räuber, Versteck, Schloss, Liebe, Rache …

Fundthemen: Handpuppen aus Strümpfen, Fingerpuppen aus Stoffresten, Bemalte Hände, Das kleinste Theater der Welt in einer (Streichholz-)Schachtel, Papiertheater, Schattentheater (z.B. auch mit Tageslichtprojektor) …

Leben in der Kiste eine Geschichte

Es war einmal eine Kiste, die stand etwas abseits im Keller. In ihr lagen viele verschiedene Dinge: eine Glühbirne, eine Haarbürste, ein Plastiklöffel, ein Stück Gartenschlauch, ein Schneebesen und noch einiges mehr. Sie waren alle schon lange dort, aber keiner kannte den anderen, denn sie glaubten, verschiedene Sprachen zu sprechen. Lediglich die Glühbirne und eine alte Taschenlampe flüsterten gelegentlich miteinander, denn sie fühlten sich irgendwie verwandt.

Aber warum waren sie hier zusammen? Eine Glühbirne soll eigentlich leuchten, eine Haarbürste bürsten, ein Löffel löffeln … Doch all das war vor langer Zeit einmal. Jetzt lagen sie hier. Waren sie achtlos weggeworfen oder hatte man mit ihnen noch etwas vor?

Eines Tages ging die Kellertür auf und Schritte näherten sich der Kiste. Ehe sich die Gegenstände so richtig erschrecken konnten, wurde noch jemand in die Kiste geworfen – ein alter Telefonhörer. »Wo bin ich denn hier gelandet? Ist das ein Mülleimer oder was? Was seid denn ihr für eigenartige Typen?«, so sprudelte es aus ihm heraus, bis er kurz abbrach und sich vorstellte: »Übrigens, ich heiße Kurt, ich bin ein sehr erfahrener Telefonhörer …«, und er redete weiter, als ob er nie etwas ande-

res gemacht hätte. Er erzählte, welch wichtige Aufgaben er jahrelang erfüllt habe und wie er kürzlich von einem arroganten Winzling ersetzt worden war. Er redete und redete, holte kaum Luft, bis er wieder kurz innehielt und in die Runde horchte: Schweigen. Alle Dinge in der Kiste waren völlig überrascht über dieses Geplapper, selbst der Gartenschlauch, der sonst meist verträumt in der Ecke lag, war hellwach und staunte, was der Neuankömmling alles von sich gab. Und wieder begann der Telefonhörer: »Und wie heißt ihr eigentlich, was macht ihr denn hier, wo kommt ihr her …?«

Eher zögerlich begannen die anderen Gegenstände in der Kiste sich einander vorzustellen: »Also, ich heiße Rüdiger«,sagte der Schneebesen. »Erika, Glühbirne.« »Sigi«, wisperte der Gartenschlauch und nach und nach erzählten auch sie aus ihrem Leben, woher sie kamen, was sie schon gemacht hatten. Alles war lange her, doch plötzlich wurde die Erinnerung an früher wieder ganz lebendig: »Ich habe früher mit elf Kollegen auf einem Kronleuchter einen großen Saal erleuchtet, ich glaube es war in einem Schloss …«, schwärmte Erika, die Glühbirne, »mein angenehmes warmes Licht wurde immer sehr gerühmt …« »Ich schlug die süßeste Schlagsahne weit und breit, aber wisst ihr überhaupt, was Schlagsahne ist?«, fragte der Schneebesen Rüdiger. »Ich konnte das Wasser weiter als alle anderen spritzen, das war immer lustig«, strahlte jetzt der Gartenschlauch und nun erzählte jeder seine Geschichte. Und wenn manches vielleicht auch nach der langen Zeit etwas übertrieben klang, so waren die Geschichten doch abwechslungsreich, interessant und allemal unterhaltsam. Kurt, der Telefonhörer, hörte gespannt zu und sagte ausnahmsweise mal nichts. Das Leben in der Kiste hatte sich verändert, es wurde geplappert, gelacht, alle hatten sich unendlich viel zu erzählen. Erst jetzt hatten sie gemerkt, wie gut sie miteinander sprechen konnten und wie viel weniger langweilig so ein Leben in der Kiste sein konnte.

»Ist doch kein Zufall, dass sich so viele interessante Leute hier in dieser Kiste getroffen haben«, fasste der Telefonhörer das Geschehen zusammen, »wenn wir hier nicht immer rumgammeln müssten, könnten wir mehr aus unseren ganzen Talenten machen. Wer hat denn eine Ahnung, was man mit uns vorhat?« Das wusste keiner. Alle waren schon zu lange hier und noch nie hatte sich was verändert. Die einzige Abwechslung war nur dann, wenn ein »Neuer« kam. Ging die Tür auf, versuchten sie alle ganz leise und ruhig zu sein und waren gespannt, wer dazukommen würde: Mal war es eine Plasikschaufel, später mal eine Pappröhre.

Aber wenn die Kiste eines Tages voll wäre, würden dann alle in den Müll geworfen? »Wir müssen was tun«, stellte Kurt schließlich fest, »ich war schon immer unternehmungslustig, wir sind doch noch jung, wer von euch kennt die Welt? Lasst uns eine Reise machen, kommt ihr mit?«

»Ich hab schon viel Dunkles gesehen«, sagte die Taschenlampe, »ich fürchte mich vor nichts, ich komme mit, wohin wir auch gehen werden.«

Keiner wollte abseits stehen und schon bald wurde mit den Reisevorbereitungen begonnen …

Strumpftiere
Alte Socken und Strümpfe, die Mäuler sind aus geknickter Pappe in den eingebeulten oder eingeschnittenen Stoff geklebt, Zungen aus Papier oder Stoff, Augen aus Perlen und anderen Fundstücken. Besonders raffiniert ist das blaue Monster: Sein Maul aus Spiegelscherben klappert nicht nur theaterwirksam, sondern täuscht durch die Spiegelungen seine Opfer. Das ist Stoff für aufregende Geschichten!

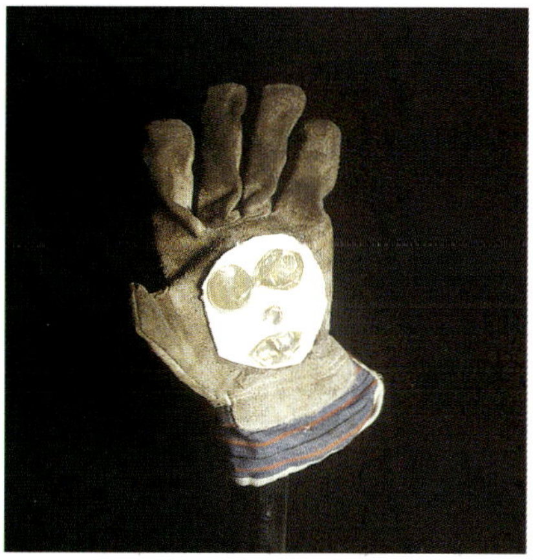

Mondgesicht
Pappe, auf Handschuh geklebt, die Finger sind fünf Arme oder bewegte Haare. Die Augen aus Pralinenförmchen glänzen vor allem im Scheinwerferlicht geheimnisvoll.

Handpuppen

Stabpuppen

Köpfe aus Papierkern auf Holzstöcken, mit Holzmodelliermasse oder Papiermaché überformt. In die noch weiche Modelliermasse können einige Fundstücke für Augen oder Haare eingedrückt werden. Ausgehärtete Modelliermasse und Papiermaché lassen sich bekleben und bemalen. Die Körper können mit Stoffen bekleidet werden. Beliebtes Ratespiel: Wer hat welchen Kopf gemacht?

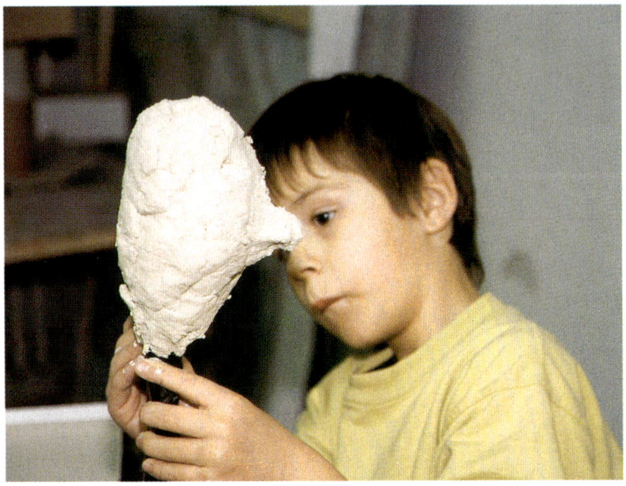

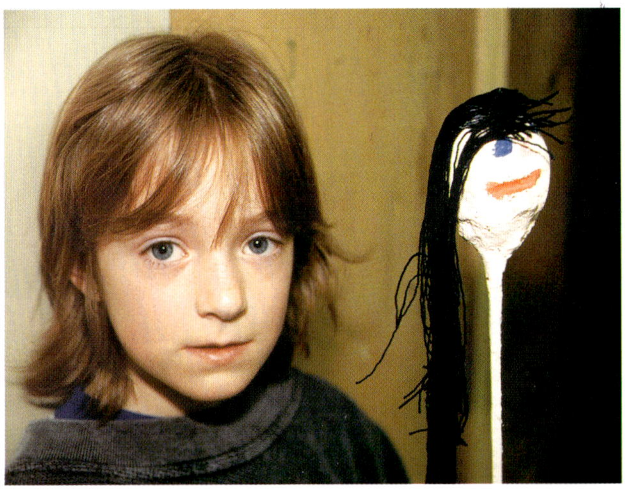

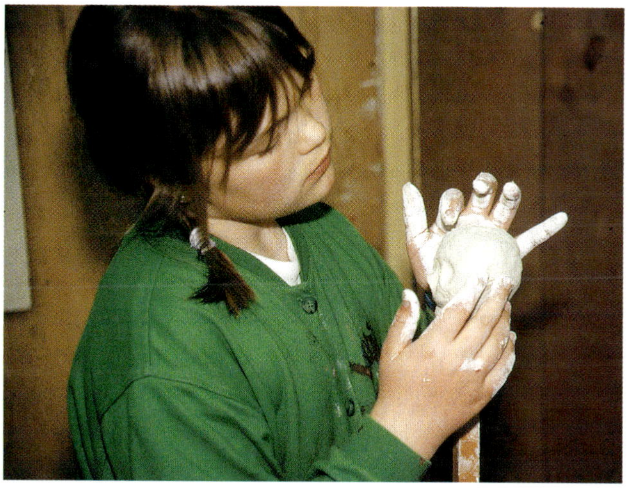

Schuhschachtelbühne
Da Papierfiguren sehr dünn sind können die Figuren durch mehrere parallele Schlitze aneinander vorbeilaufen. Klebt man noch Papierkulissen dazwischen, dann gibt es auch ein prima Versteck für den Schatz – oder den Räuber.

kleine Stabpuppen
Papierkörper und Gliedmaßen an Schaschlikstäben befestigt, mit Stoffresten beklebt und zum Teil bemalt. Die Arme sind durch Musterklammern oder Drahtschlaufen beweglich: Für expressive Gestik!

Sonne
Schaumstoffstück geschnitten und mit Tonpapier beklebt. Wurde der Schaumstoff gewählt, weil er gelb ist? Nicht nur, denn was warm ist, ist auch weich.

der Elefant und die Tänzerin
Neben den Stabfiguren ist hier auch an Kulissenbilder gedacht worden. Die Beleuchtung sorgt für Zirkusstimmung.

Höhleneingang mit Tür
Durchgesessene Sitzfläche eines alten Stuhles, Holzbrettchen an beweglichen Lederscharnieren. In dieser wilden Höhle wird Aladin verschwinden.

Requisitenbau

Lukas der Lokomotivführer
Holzfundstücke, zum Teil gesägt und bemalt. Die Lokomotive ist auch am Stab befestigt und lässt sich so über die Schienen bewegen. Wenn sie beidseitig bemalt ist, kann sie auch umdrehen und zurückfahren.

Bühnenbau
Bretter auf Böcke genagelt. Viele Variationen sind denkbar, je nachdem welches Material vorhanden ist, wie viele Kinder spielen oder zuschauen und wie groß die Figuren sind.

Vorhänge
Es muss nicht immer schwerer Theaterstoff sein. Gut sind auch zarte Stoffreste die auf einen Stab aufgefädelt wurden. So kann man den Wolf schon hinter dem Vorhang erkennen, während das Rotkäppchen noch nichts ahnt.

Marionetten

Puppenkiste

Es genügt eine große Schachtel um eine Marionettenbühne zu bauen. Wichtig ist ein Podest für den Spieler und eine Blende, die ihn verbirgt. Ob an einem einzigen Faden oder mit komplizierteren Verknüpfungen: Nylonfäden ermöglichen die perfekte Illusion des Schwebens. Mit einer Stange von oben kann eine Stabpuppe mit Fäden kombiniert werden. Das vermeidet auch unkontrolliertes Eindrehen.

Sängerhasen

Modelliermasse, zum Teil bemalt, mit Stoffen und Pelzen bekleidet. Figuren nach dem »Sängerkrieg der Heidehasen« von James Krüss. Die Marionetten stehen den individuellen Charakteren dieser wunderbaren Geschichte in nichts nach. Wenn man die legendäre Aufnahme noch auftreiben kann, lässt sich mit wenig Aufwand ein kurzweiliges Stück inszenieren.

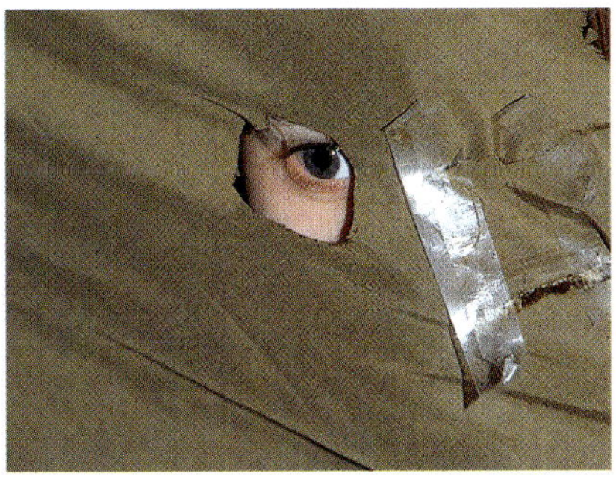

große Figur
Bretter, Holzplatte, Stoff, teilweise mit Dispersionsfarbe bemalt. Wenn der Mann noch Füße bekommt, ist er so groß wie sein Erbauer. Wozu man ihn wohl brauchen kann? Vielleicht als neuen Schüler im Pausenhof oder als Torwart.

Figuren im freien Spiel

Männchen
Fläschchen, mit Modelliermasse aus Holz überformt. Ist das ein Doornkatmonster oder der Geist aus der Flasche?

Gulliver
Papiermaché auf Holzbrett, mit Wasserfarben bemalt. Die Liliputaner transportieren Nahrungsmittel für den Riesen in Fuhrwerken und Lastautos aus Zündholzschachteln. Gegen die an Nägeln befestigten Schnüre hat Gulliver keine Chance. An den vielen Details war die ganze Klasse beteiligt.

Kugel, Kutsche, Rennmaschine

Kugel, Kutsche, Rennmaschine

Bei diesem Thema wird nicht selten das Rad neu erfunden. Wenn sich Kinder eine Zeit lang damit beschäftigen, entdecken sie eine Vielzahl von Möglichkeiten, wie Räder, Walzen und Achsen bewegt werden können. Anfängliche Schwierigkeiten sind nicht selten, denn es gilt viele technische Probleme zu lösen, bis sich die Räder drehen. Das Erfolgserlebnis ist allerdings dann um so größer. Falls eine praktikable Lösung zu schwierig ist, bieten sich vorgefundene Räder oder Rollen an. Einfache Grundprinzipien sind auf Seite 27 dargestellt. Doch häufig beschleunigt schon die Vorstellung ...

Fundstücke: Perlen, Murmeln, Tischtennisbälle, Dosen, Schraubdeckel, Weinkorken(scheiben), Fahrräder, Kinderwagengestelle, Möbelrollen, Rollschuhe, Skateboardrollen ...

Fundwörter: Rollen, Walzen, Kurve, Achse, Reifen, Zahnrad, Schaufelrad, Motoren, Ketten, kugeln, drehen, durchdrehen, bremsen, lenken, überholen, schieben, ziehen, anspannen ...

Fundthemen: Kugel im Labyrinth, Sprungschanze, Karussell, Riesenrad, Dampfmaschine, Fabrik, Rennautos, Luxusauto, Ein Wohnwagen mit Einrichtung, Lokomotiven, Königskutschen, Dampfwalze ...

Kutsche mit Dach
Die Holzkonstruktion ist wasserfest mit Dispersionsfarbe bemalt, den rollenden Untersatz liefert das Fahrgestell eines alten Kinderwagens. Eine Lösung, die zu empfehlen ist, da die Montage der Aufbauten mit Drahtschlaufen leicht gelingt und ausgediente Kinderwagen häufig zu finden sind.

Kutsche
Fahrgestell aus Holzpaletten, die Achsen der vier Fahrräder stecken auf je einer Seite in Winkeleisen, Beilagscheiben sorgen für guten Lauf. Das elegante Aussehen erhält die Kutsche durch die Teile eines zerlegten Holzschaukelstuhls. Fehlt noch jemand, der sich anspannen lässt.

Foto: Berthold Schweiz

eine Kutsche für den König

Auch hier dient eine Palette als Unterkonstruktion auf einem ausrangierten Handwagen. Ein alter Schulstuhl kann direkt darauf befestigt werden – aber nicht mit Nägeln, denn Schulstuhlbeine sind hart, das weiß jeder. Deshalb ist dafür eine Hilfskonstruktion nötig. Ein massives Holzdach lässt sich trotz vieler Bemühungen nicht auf den Dachlatten befestigen. Also wird umdisponiert und ein Baldachin angebracht. Das ist nicht nur viel einfacher, sondern in der königsblauen Farbe auch würdevoller. Und wenn der Monarch von seinen Untertanen genug hat, kann er den Vorhang zuziehen!

KÖNJG
KÖNJG

Formel 1

An die Palette sind massive Winkeleisen aus dem Baumarkt angeschraubt. Meist sind diese mit genügend großen Löchern versehen, sodass Achsen von Kinderrädern durchpassen und mit Muttern und Beilagscheiben verschraubt werden können. Sind die vorgebohrten Löcher zu klein, lassen sich diese mit einem Metallbohrer etwas weiten. Die Aufbauten orientieren sich an den Anforderungen der Aerodynamik und des Designs. Da bei der Konstruktion überhaupt nicht an Lenkung gedacht wurde, empfiehlt es sich, eine Helmpflicht für den Fahrer zu erwägen.

Traktor
Gestell eines alten Kettcars, Aufbau aus Holz- und Metallplatten, sowie einzelnen Fundstücken. Alles ist mit Drahtschlaufen und zum Teil mit Schrauben am Eisengestell befestigt. Der »Motor« besteht aus Kuchenformen und anderem Küchengerät, ein altes Wasserrohr funktioniert als Auspuff. Das Rücklicht kann vom Lenkrad aus bequem per Knopfdruck bedient werden.

Riesenskateboard
Palette, Holzfundstücke, teilweise mit Dispersionsfarben bemalt. Fahrbar wird diese Konstruktion durch mehrere Rollschuhe, die an das Gestell montiert sind. Noch ist es schwer die Balance zu halten. Vielleicht sind seitliche Stützräder anzuraten? Denn immerhin soll sich der schon bereits montierte Spoiler lohnen.

Einradwagen zum Schieben
An dem Bodenbrett ist in der Mitte nur ein einziges Rad befestigt. Am besten eignet sich eine feststehende, so genannte »Bockrolle« wie sie Spediteure an Bretter schrauben um schwere Lasten zu bewegen. Diese Rollen sind sehr stabil und bewirken in diesem Fall, bei entsprechender Lenkung, einen besonderen Fahrspaß: Schon bei langsamen Geschwindigkeiten kann man sich aufregend in die Kurven legen …

Ausflugswagen

Man muss nur »findig« sein: Wenn schon die Radkappen des Kinderwagengestells farblich optimal passen, ist alles weitere eine Kleinigkeit. Lediglich der Schlauch zum Ziehen rutscht immer hin und her. Wahrscheinlich ist eine starre Deichsel besser. Dann kann man anspannen lassen und eine stilvolle Fahrt ins Grüne unternehmen.

eine Geschichte *Ein Stern unter meiner Decke*

Von Sternen denkt man, sie hätten Zacken. Fünf oder sieben oder gar zwölf. Alle Kinder malen Sterne mit Zacken.

Als kürzlich ein Stern auf die Erde fiel, ein ganz kleiner, konnte man sehen, dass er rund war, rund wie ein Ball, rund wie eine Murmel, rund wie eine Kaugummikugel. Rund und leuchtend. Er leuchtete tags mit dem Licht der Sonne und nachts mit dem Licht des Mondes. So konnte man ihn immer sehen, tags und nachts.

Wenn du ihn jetzt anschubst, den kleinen Stern, dann beginnt er zu rollen, rollt schneller und schneller, rollt die Straße hinunter, auf der er gelandet ist. Diese endet an einem Zaun, weil es eine Sackgasse ist. Aber der Stern ist so klein, dass er durch die Latten hindurchrollt, im Garten über einen grünen Weiher schwimmt, sich durch das Haus schlängelt und von dort den schmalen Weg zum Volksfest nimmt. Er rollt und rollt, kullert durch die Wurstbude, saust über die Rutschbahn direkt in die Pferdearena, dreht ein paar Runden und landet dann im Achter-Looping, der ihm besonders gut gefällt.

Inzwischen ist es dämmrig geworden und man sieht den Stern, wie er das Volksfest hinter sich lässt, auf die dunklen Felder rollt, über eine Brücke hüpft und von dort direkt auf dein Haus zukommt. Mit Schwung rollt er in das Regenrohr, saust nach oben und kullert in dein Zimmer, in dein Bett, unter deine Bettdecke.

Es ist ein komisches Gefühl, einen Stern im Bett zu haben, aber auch sehr praktisch, weil du unter der Decke lesen kannst.

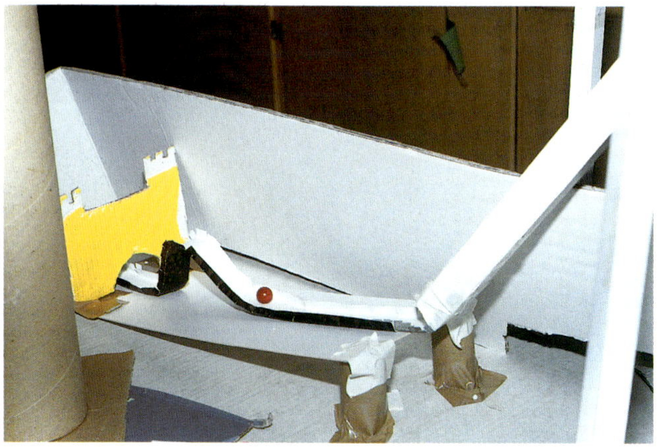

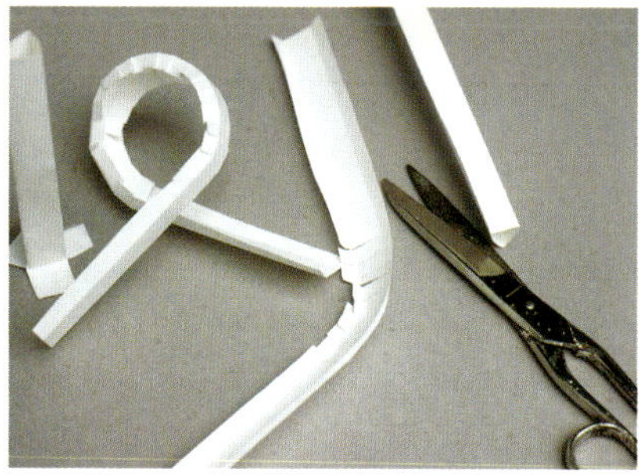

Achterbahn

Pappröhren, gefaltete Papierstreifen, Klebeband. Die Kugel rollt durch alle Tunnels, über die Brücken, springt über die Schanze, ändert an einer Weiche die Richtung und wenn man es geduldig austüftelt, gelingt auch ein Looping. Wer traut sich einzusteigen?

Fangnetz

Bei einer derartig steilen Anlage ist die scharfe Kurve nicht zu schaffen. Entweder baut man die Bahn sanfter oder man behilft sich mit diesem Fangnetz – denn vielleicht braucht man ja unbedingt das Tempo.

Kugelbahnen

Rennauto
Holzblock, mit Raspel bearbeitet und mit Dispersionsfarbe bemalt. Ebenso schnell wie es aussieht.

Designerauto
Papiermaché auf Weinkorken. Die weiche Masse des Papiermachés eignet sich wunderbar für das zeitgemäße, organische Design.

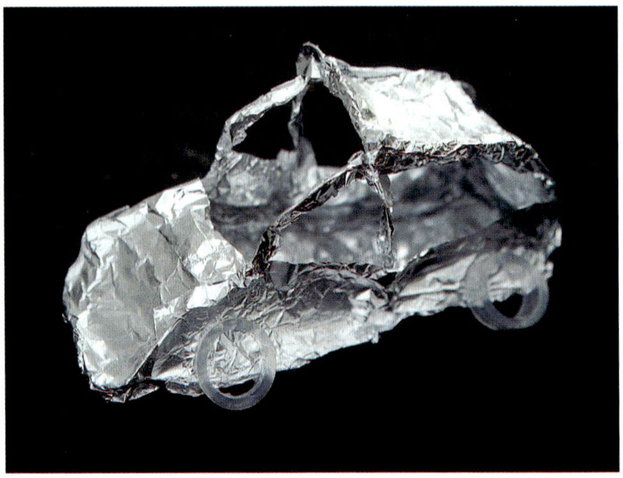

Leichtmetallauto
Die Konstruktion aus Blumendraht ist mit Alufolie überformt und so sehr leicht, aber auch sehr empfindlich. Ein Glücksfall, dass mit den Klebebandrollen nicht nur vier gleiche Räder, sondern auch elegante Pendants zur Karosserie gefunden wurden.

Fahrrad

Verschiedene Fundstücke von alten Fahrrädern, der Rahmen aus Holz. Dass man mit dem Fahrrad nicht richtig fahren kann, ist sicher schade. Dafür fällt es aber nicht um.

Motocrossbahn
Ungebrannter Ton. Das Motorrad liegt im Graben, der Fahrer hebt aufgeregt die Arme. Mit einem Finger lassen sich die kniffligsten Bahnen ziehen, aber auch die spektakulärsten Rennen fahren. Das Herzstück der Anlage ist die Sprungschanze über den großen Graben auf eine andere Platte.

Stadt, Land, Fluss

Stadt, Land, Fluss ...

... Haus, Autobahn, Brücke. Kinder sind meist weniger an den Landschaften interessiert, als an der dazugehörigen Infrastruktur. Diese ist häufig auf die Erwachsenen zugeschnitten. Um so mehr Spaß und Vergnügen bereitet es den Kindern, eine eigene Welt entstehen zu lassen. Das Ergebnis ist oft eine Mischung aus bekannten Strukturen und verblüffenden Gegenentwürfen:

Heimat-, Sachkunde und Utopia. Auf alle Fälle ist es eine verbindende Gemeinschaftsarbeit. In gleichem Maße, wie die Kinder-Stadt wächst, entwickelt sich auch das soziale Netz: Für jedes Kind findet sich eine wichtige Gestaltungsmöglichkeit. Die Tierfreunde bauen einen Zoo, die Techniker den Flughafen, die Realisten sorgen für Einkaufsmöglichkeiten und Krankenhäuser, die Träumer kümmern sich um ihre Schlösser. Die Stadt kann über lange Zeit wachsen und wenn bei der Eröffnung das Band durchschnitten wird, kann man vielleicht noch die Straßenbeleuchtung einschalten.

Fundstücke: Eigentlich alles: Holzplatten, Schachteln, farbiges Papier, Transparentpapier, Naturmaterialien wie Äste, Tannenzapfen, Moose, Flechten, Ton und Knetmasse ...

Fundwörter: Stadttor, Stadtmauer, Verkehr, Eisenbahn, Autos, Schiffe, Flugzeuge, Markt, Straßen, Parkplatz, Parkhaus, Spielplatz, Schule, Kindergärten, Geschäfte, Tankstelle, Kiosk, Werbung, Haltestellen, Ampeln, Verkehrszeichen, Baustellen, Straßenbahn, Busse, Park, Denkmal, Bahnhof, Museum, Theater, Kino, Bauernhöfe, Wald, Viehweiden ...

Fundthemen: Geschäfte mit Schaufenstern, Landkarten, Stadtpläne, Ein Wohnhaus für die Klasse, Gestaltung eines Spielplatzes, Erfinden von Spielgeräten, Feuerwehr ...

Straßenbeleuchtung
Die Fassungen sind an Bäumen und Masten befestigt. Die Lämpchen lassen sich in Reihe schalten. Preiswerte Netzteile transformieren den Strom aus der Steckdose, das spart Batterien. Vielleicht lässt sich noch ein zentraler Kippschalter im Elektrizitätswerk einbauen?

das weiche Tor
Gebogener Pappstreifen, innen mit Watte beklebt. Wer empfängt seine Gäste nicht so angenehm wie möglich?

Haus mit goldenem Wasserfall
Pappschachtel, viele Fundstücke und Materialien, zum Teil mit Dispersionsfarben bemalt. Der Wasserfall fließt als Lametta über eine Toilettenpapierrolle – das ist Luxus pur.

unsere Stadt

Baustelle
Kran aus überformtem Maschendraht, Lastwagen aus Papier, Farbe, Toilettenpapierollen.
Endlich eine gute Gelegenheit aus den vielen betongrauen Papprollen ein umfassendes Versorgungsnetz für die Stadt zu bauen. Möglicherweise unterirdisch unter der Bodenplatte.

Hochhaus
Holzlattengestell, Wände aus Pappe, die Fenster wurden mit einem Cutter ausgeschnitten. Durch die dahintergeklebten Vorhänge lässt sich bei eingebauter Beleuchtung eine beeindruckende Wirkung erzielen.

Fahne
Stück aus einer Plastiktragetasche. An einen Fahnenmasten gebunden. Eine Zierde für den patriotischen Vorgarten oder das Fußballstadion.

Ampeln
Holz, zum Teil bemalt. Für die Verkehrsregelung in der Spielstadt, aber auch für den Schulhof bestens geeignet.

Haltestelle
Ungebrannter Ton. Augenscheinlich warten die Fahrgäste schon länger. Kommt hier ein Bus oder die Straßenbahn?

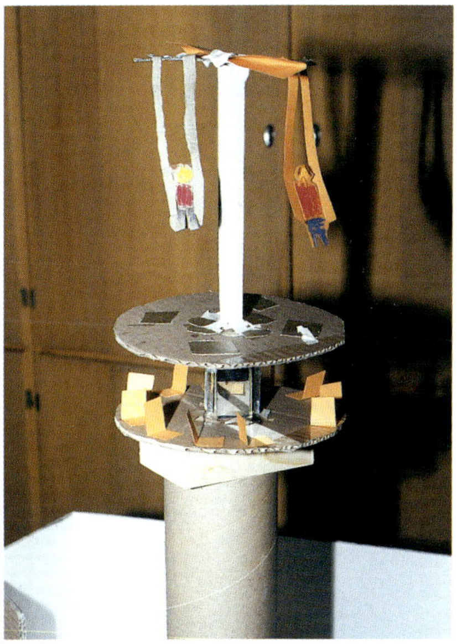

Doppelstockkarussell
Farbiges Papier, Pappe zum Teil beklebt und bemalt. Wer hier oben mitfahren will hat sicher eine gute Aussicht, muss aber bestimmt schwindelfrei sein. Ein Stockwerk tiefer gehts geruhsamer um die Spiegelsäule: Das ist was für die ältere Generation. Es ist nur niemand da, hat man den Aufzug vergessen?

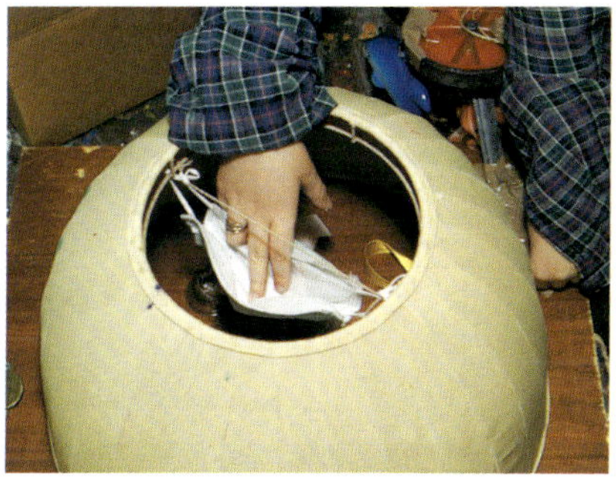

Zirkus
Ein ausgedienter Lampenschirm inspiriert zu einem Zirkuszelt. Ein Mundschutz an Gummibändern wird zum Netz für den Trapezkünstler – oder ist es eine Hängematte aus der man bequem die Vorstellung verfolgen kann?

Fußballstadion
Aufgeschnittener Plastikkanister, beklebt und mit Dispersionsfarbe bemalt. Die einseitige Wellpappe passt sich der Form gut an. So entsteht eine geräumige Tribüne.

Doppelrutsche
Geknickte und bemalte Papierstreifen, rutschende Kinder aus Holzmasse und Streichhölzern.

Beachvolleyball
Ungebrannter Ton. Wenn das Netz aus Draht und Schnur länger halten soll, empfehlen sich Stützen aus Holz, da der Ton beim Trocknen etwas schwindet und so durch den starren Draht bröckelt.

Klettergerüst
Schaschlikspieße und andere Stöckchen sind mit Wickeldraht verbunden. Mit dieser Technik lassen sich noch viele andere Kletterideen verwirklichen.

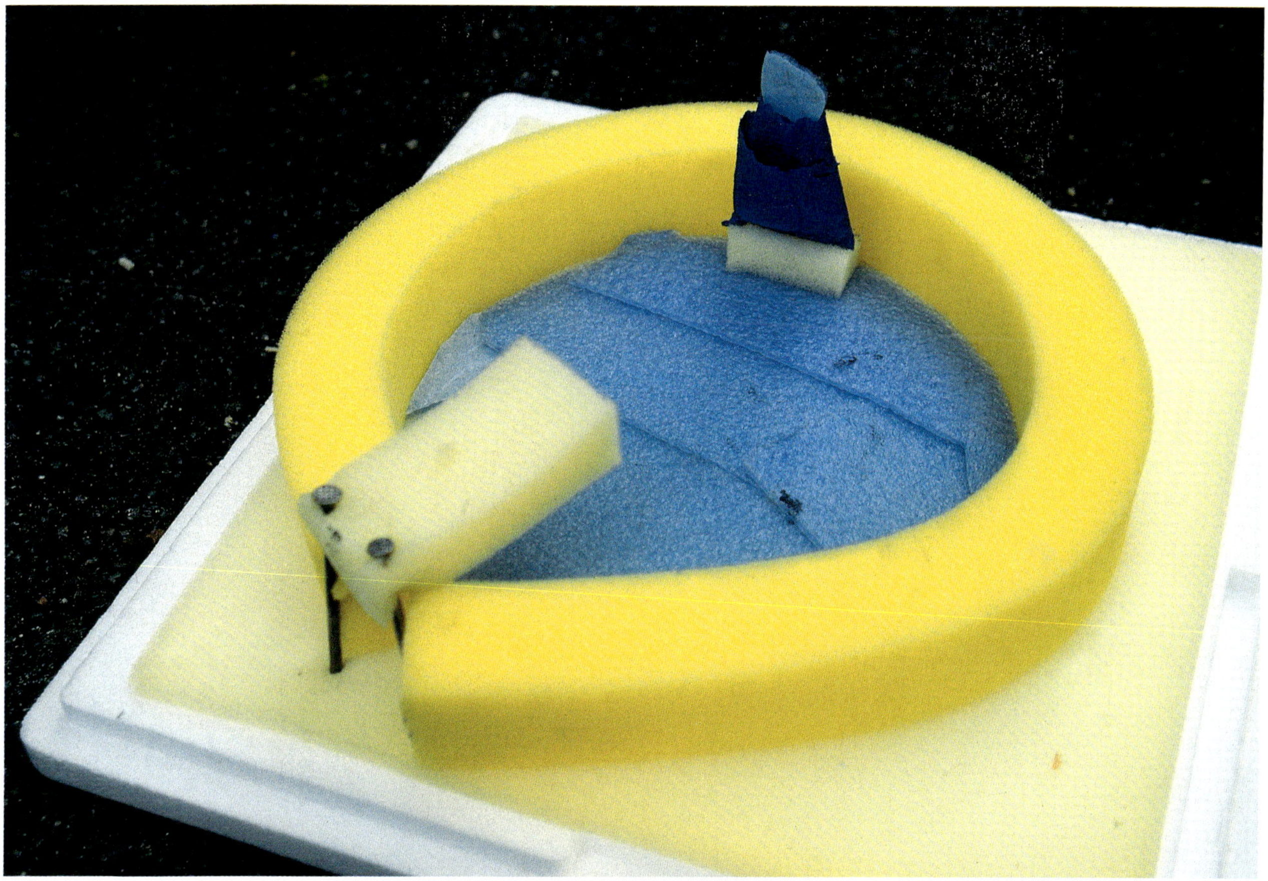

Swimmingpool
Verschiedene Schaumstoffe auf Styropor, geklebt und mit Nägeln festgesteckt. Sicher ein besonderes Gefühl beim Springen!

Schwimmbad
Holz, Figuren zum Teil mit Raspel bearbeitet, Zahnstocher als Arme, blaues Tonpapier als Wasser. Man ahnt, dass es sich hier beim Sprung vom Brett um eine Mutprobe handelt.

eine Geschichte ***Auf Wohnungssuche***

Alle vier suchten eine neue Wohnung: der grüne Heinrich, die rosa Putzi, der schwarze Peter mit seinem hellgrauen Hündchen und die durchsichtige Klara. Aber es ist nicht so einfach eine Wohnung zu finden, wenn man grün ist wie ein Grasfrosch, schwarz wie die Nacht, einem rosa Knallbonbon ähnelt oder kaum zu sehen ist.

Die erste Wohnung, die sie besichtigten, war ganz aus Stein. Steinboden, Steintisch, sogar Steinfenster. Ziemlich düster. Dem schwarzen Peter gefiel das. Nicht einmal das Steinkopfkissen war ihm zu hart. Nur gut, dass sein Hündchen ein dickes Fell hatte. Er nahm die Wohnung.

Zu dritt machten sie sich weiter auf die Suche. Die nächste war ganz aus Plastik. Plastikstühle, Plastikbett, Plastikregale, sogar ein Plastikklo. Die rosa Putzi setzte sich auf das Bett und wippte ein wenig. Sie fühlte sich wohl hier und nahm die Wohnung.

Die beiden anderen zogen weiter. Die nächste Wohnung war aus Papier. Sehr luftig und sehr empfindlich. Papiervorhänge, die im Wind raschelten. Papierschränke und ein Papiertisch mit Papiertischdecke, Papiertellern und Papiertassen. Die durchsichtige Klara war begeistert. Nur den Papierspiegel würde sie austauschen.

Nun zog der grüne Heinrich alleine durch die Straßen. Er fand eine Wohnung aus Holz. Holzstühle, Holzwaschbecken und Holzlampe. Es roch gut. Er ließ sich auf einem der Stühle nieder und war zufrieden. Hier wollte er bleiben.

Jetzt hatte jeder der vier eine neue Wohnung gefunden. Gelegentlich schickten sie sich Briefe. Wenn der grüne Heinrich ein Plastikkuvert in seinem Holzbriefkasten fand, dann wusste er, wer der Absender war. Und wenn der Briefträger einen Brief vom schwarzen Peter zu Klara brachte, legte er ihn vorsichtshalber auf den Boden vor ihrer Tür mit dem Papierbriefkasten.

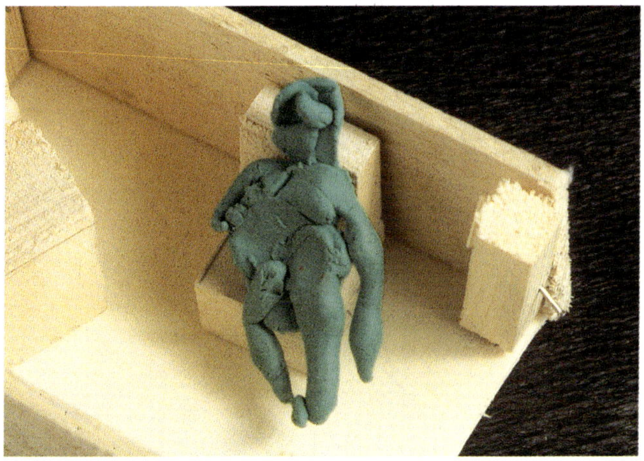

Holzwohnung
Holzfundstücke,
zum Teil gesägt,
größere Stücke
sind genagelt,
kleinere geleimt.
Figur aus Knetmasse.

Schaumstoffsessel
Hier macht es sich Birne bequem.
Herd mit vier Flammen
Schachtel mit Eierkartonagen.

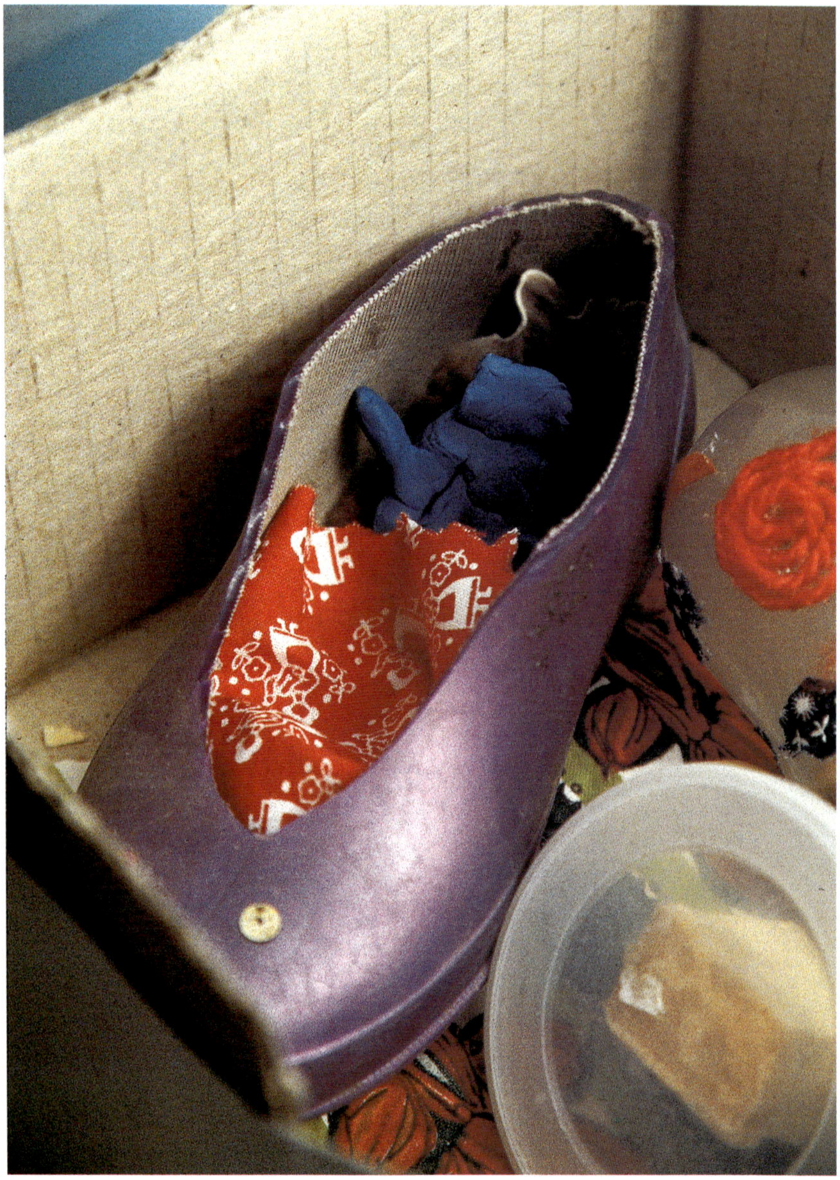

Interieurs

Bett
Hier wird das besondere Design und die Passform durch einen abgeschnittenen Gummistiefel ermöglicht: Nicht mit Schuhen ins Bett, sondern mit dem Bett in den Schuh! Die Kissen und Bettwäsche sind aus Stoffresten, als Matratze dient ein weiches Fell.

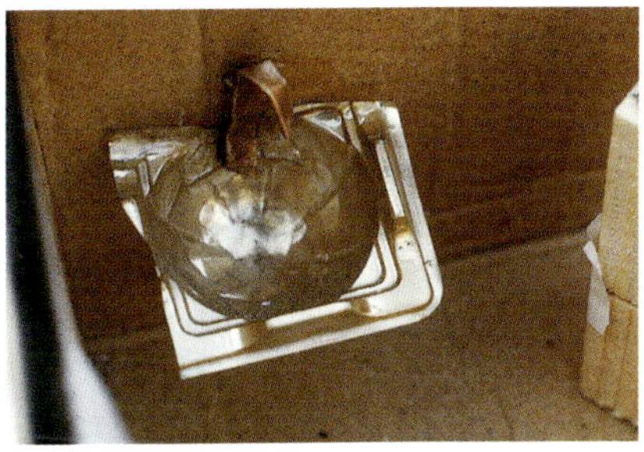

Wohnung

Schuhkarton mit verschiedenen Einrichtungsgegenständen:
Das Waschbecken: Pralinenförmchen, kleines Kunststoffteilchen als Wasserhahn. Der Tisch: Filmdose mit Gefäßen aus Holzmodelliermasse und Perlenfrucht. Der Blumenkasten: Elektroklemmleiste mit farbigen Kabelstückchen auf Holzfensterbrett. Der Glasschrank: Plastikverpackung mit Pappeinteilung.
Dieses Beispiel zeigt uns, wie schade es ist, dass so viele Wohnideen täglich im Müll landen.

Baum mit Baumhaus
Ast auf Holzplatte genagelt. Koniferengrün als Zweige und Äste. Das Baumhaus besteht aus Holzstücken, genagelt und verleimt. Als Strickleiter sind Zündhölzer an zwei Strängen mit Bindedraht verbunden. Kleine Glöckchen im Geäst kündigen Besuche an. Wenn man im pinkfarbenen Ruhebett ungestört sein will, zieht man einfach die Strickleiter nach oben.

Baumhaus
Diese kühne und fragile Konstruktion hält nur durch den beherzten Einsatz der Heißklebepistole. Fachgerechter wären wohl solide Wickelverbindungen mit Schnur oder Bast. Doch dann wäre die Leichtigkeit wahrscheinlich dahin. Die Leiter besteht aus einem dünnen Streifen Maschendraht.

Baum mit Vogelhäuschen
Mit Stoff umwickelter Maschendrahtstamm, Baumkrone aus bemaltem Papiermaché. Das Vogelhäuschen aus gebogener Pappe ist an einem langem Holzbrettchen befestigt. So muss sich der Baum etwas zurücklehnen, um die Balance zu halten. Welcher Vogel sich hier wohl anlocken lässt?

Zwergenstadt
Stadt aus Moos, Flechten, Rinden, Steinen, Ästen, Blättern, Tierknochen und vielen anderen Fundstücken aus dem Wald. Hier begrenzt ein Fels das Areal der Zwergensiedlung. Ansonsten können auch Zäune geflochten oder Steinmauern aufgeschichtet werden. Die Bewohner verlassen auf einer Rutsche ihre Stadt.

natürlich wohnen

Stadt aus Pappkartons
Wenn in der Schule Mobiliar oder Geräte geliefert werden, fallen oft große Mengen Pappkartons an. Dies ist dann die beste Gelegenheit eine große Stadt zu bauen. Öffnungen können mit dem Teppichmesser oder guten Scheren geschnitten werden. Mit Stoffen, Folien und Farben lassen sich die Gebäude wohnlich ausstatten.

Waldhäuser
Hütten aus Ästen und Zweigen. Die Verbindungen gelingen mit Schnüren. Wenn man dazu Naturmaterialien wie Hanf verwendet, ist das Bauen nicht nur stilecht, sondern auch erlaubt. Dennoch empfiehlt es sich beim zuständigen Forstamt nachzufragen.

Möbelwerkstatt

Holzstuhl
Die Sitzfläche eines alten Stuhles inspiriert zum Bau – eines Stuhles! Das Ergebnis ist nicht nur farblich überzeugend.

Sessel
Die Schachtel ist auf ein Stück Pappröhre geklebt, das Polster besteht aus Schaumstoffresten, die mit kleistergestärktem Stoff überzogen sind.
Hier kann man die Erfahrung machen, dass auch Papiermöbel stabil sein können.

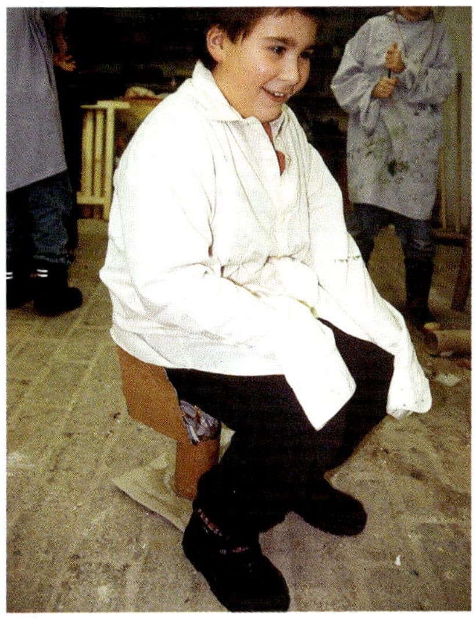

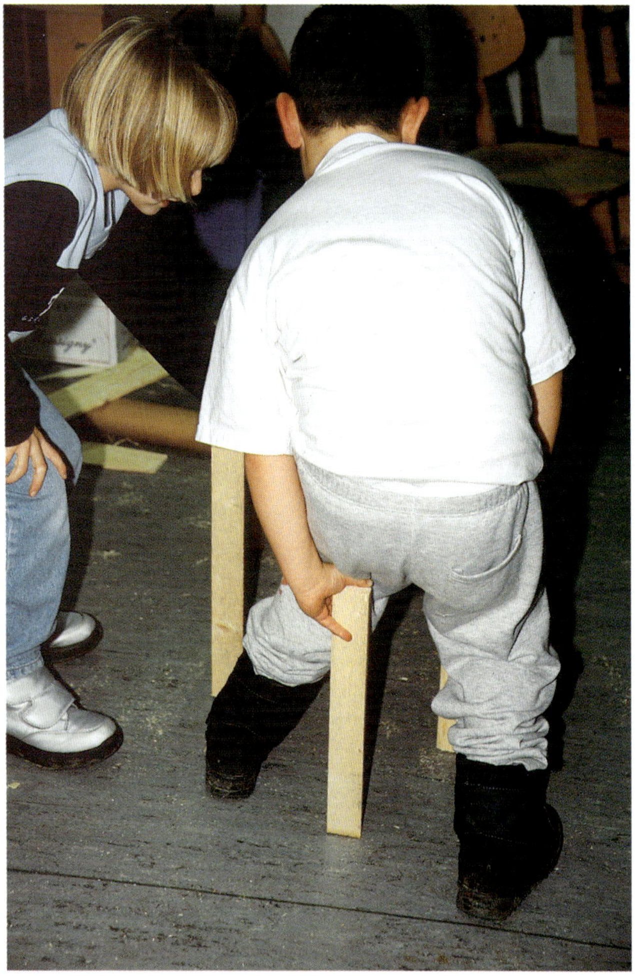

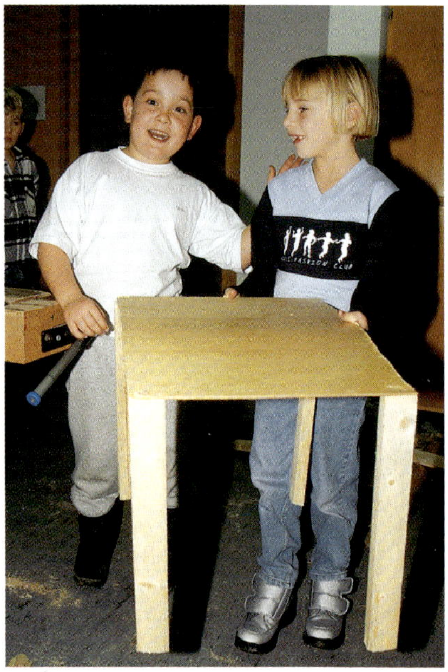

Stuhlhöhe anpassen
Wann kann man schon die passende Stuhlhöhe zum Tisch bestimmen? Am besten ist das direkte Maßnehmen.

Tisch
Die Tischbeine sind an Leisten genagelt, die zuvor an der Platte befestigt wurden. Wenn so der Tisch zu wenig stabil ist, empfehlen sich schräge Querstreben.

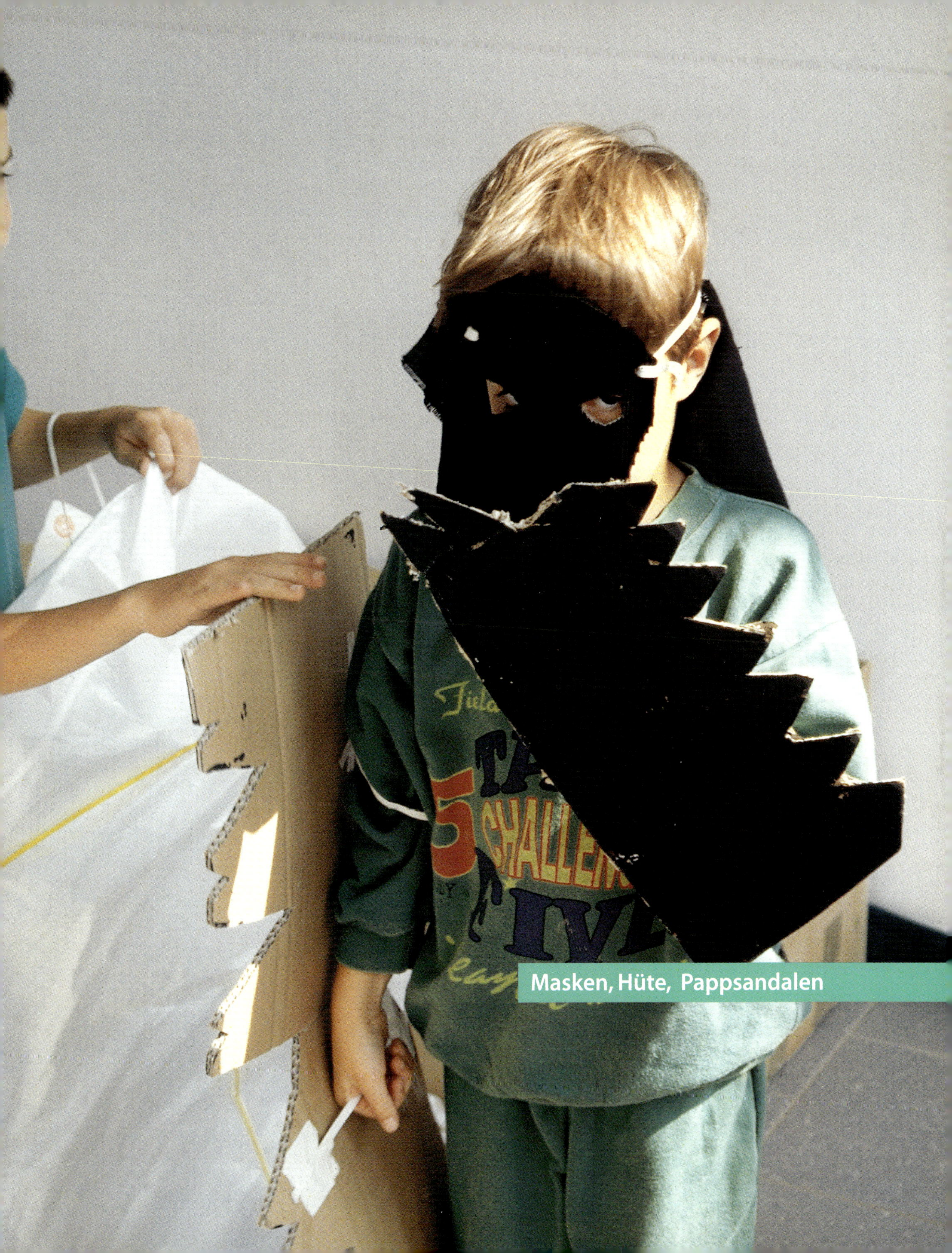

Masken, Hüte, Pappsandalen

Masken, Hüte, Pappsandalen

Masken und Verkleidungen bedürfen meist keiner besonderen Anregung. Jährlich bietet der Fasching einen wiederkehrenden Anlass dazu.

Doch hier können Fundstücke den Formvorrat für Verkleidungsideen erheblich erweitern. Je unterschiedlicher die Funde, desto unverwechselbarer fallen die Verwandlungen aus.

Eine andere Möglichkeit bietet der überformte Maschendraht. Vollplastische Köpfe werden nach der Trocknung wieder leichter und können, nachdem eine Befestigung gefunden wurde, wiederum bemalt und beklebt werden.

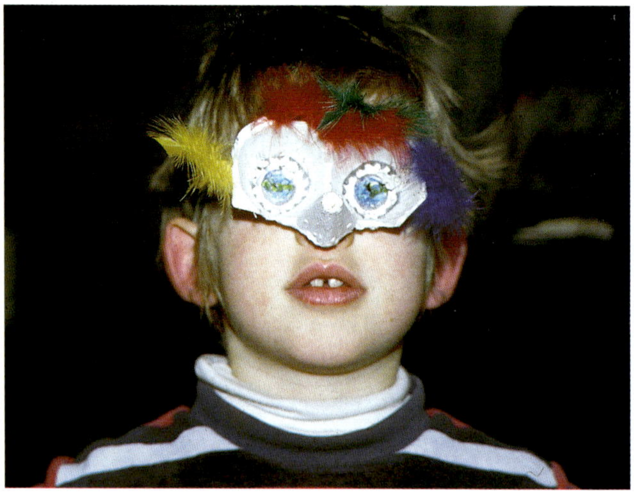

Fundstücke: Verpackungen aus Papier, Pappe oder Plastik, farbige Folien, Federn, Glitzerpapiere, alte Brillengestelle, alte Kleidungsstücke und Stoffe, Gummibänder …

Fundwörter: Zauberspruch, Nase, Ohren, Haarschopf, Frisur, Kette, Ohrringe, Umhang, Schild, Schulterklappen, Korsett, Reifrock, Handschuhe, Krallen, Nägel, Stiefel, Schuhe, Flossen …

Fundthemen: Besuch vom roten Planeten, Papierkleider, Mein Hut hat ein Geheimnis, Fantastische Brillen, Ritterrüstungen aus Maschendraht oder Pappe, Modenschau, Paradiesvögel, Zukunftkleidung, Riesen auf Stelzen …

Maske
Maschendraht, mit Papiermaché kaschiert. Das Besondere dieser Konstruktion ist der Ausblick durch die Mundöffnung. Dadurch wirkt man etwas größer. Der Filmstreifen färbt die Welt orange.

geheimnisvolle Schönheit
Pappstück, mit Federn und Ketten ergänzt.

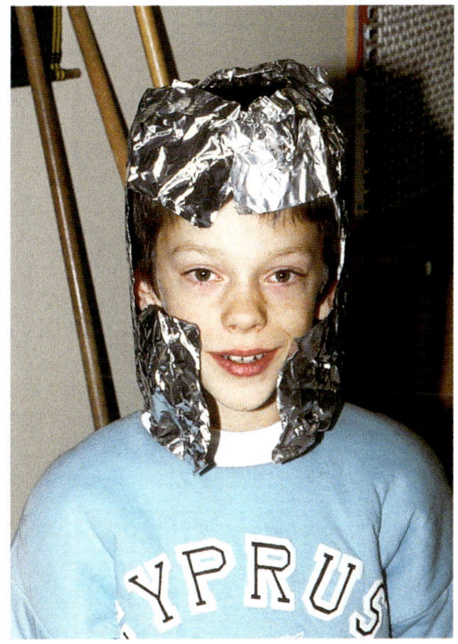

Ritterhelm
Aus geschnittener und gebogener Alufolie. Wenn der Helm stabiler sein soll, ist eine Unterkonstruktion mit Maschendraht sinnvoll. Daran kann zum Beispiel noch ein Visier befestigt werden.

Kopfschmuck

Tierkopf
Maschendraht, mit Bindedraht »vernäht«. Spätestens wenn die Maske noch mit Papiermaché überformt werden soll, wird die Befestigung der Konstruktion schwierig. Wahrscheinlich muss sie weiterhin auf Händen getragen werden.

Riesenmasken
Beidseitig kaschierte Wellpappe, zum Teil beklebt und mit Dispersionsfarben bemalt.
Dieses Gesicht besticht durch schiere Größe: So sehen leibhaftige Kopffüßler aus.

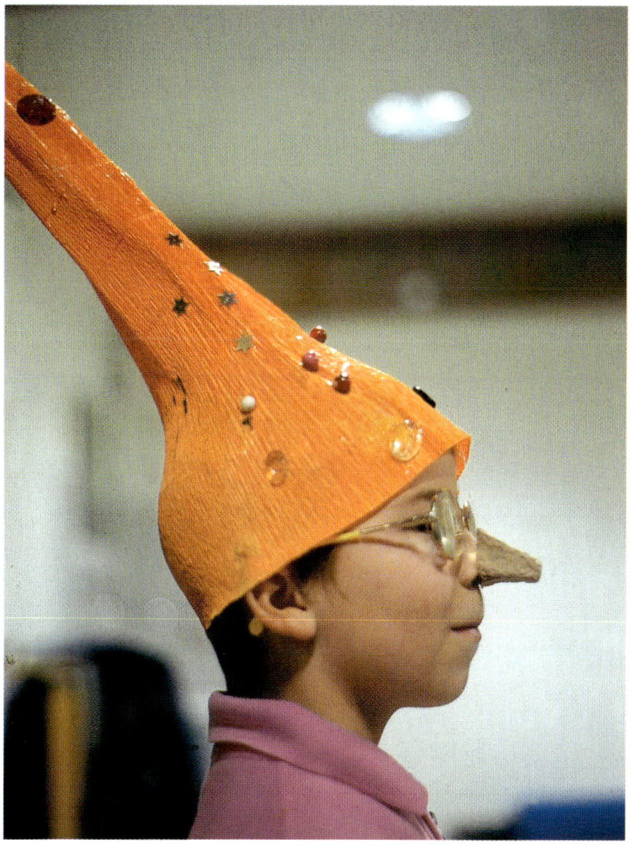

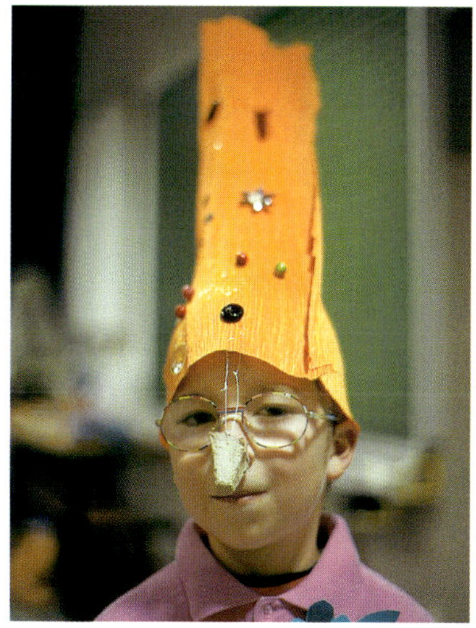

langer Hut
Das Krepppapier passt sich der Kopfform gut an. Der lange Hut korrespondiert nicht nur gut mit der Form der Nase, sondern wird auch von ihr getragen! Die Nase ist Teil eines Eierkartons.

Pizza-Hut
Pizzakarton, mit Kordel unter dem Kinn befestigt.

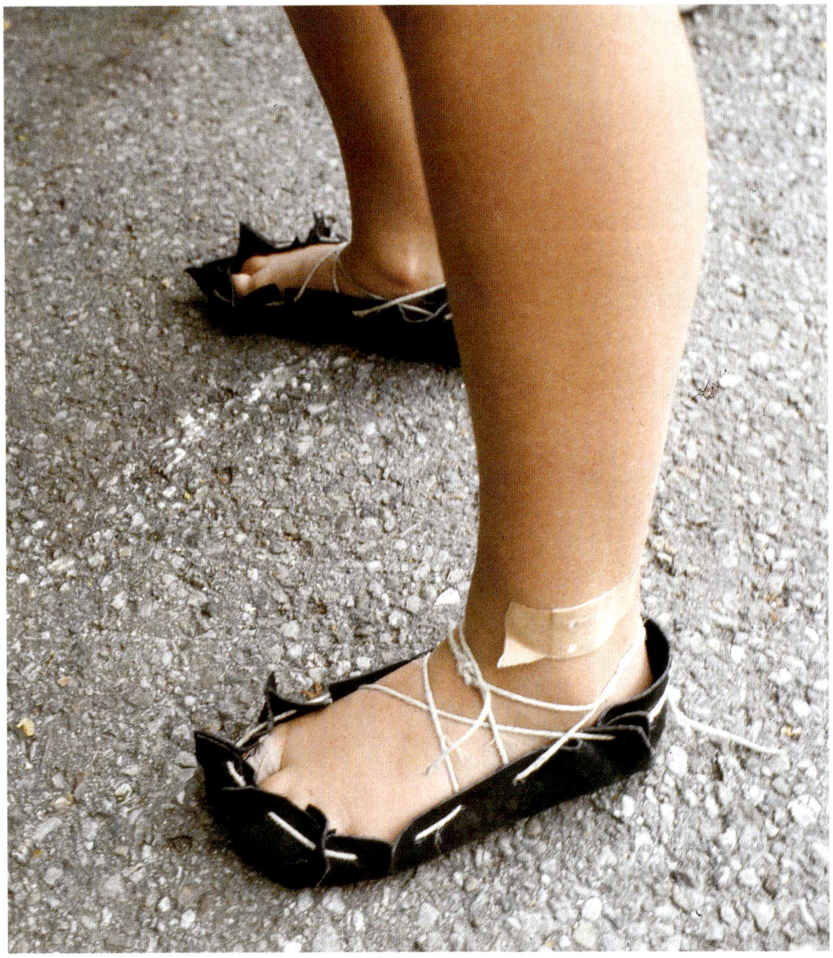

Lederschuhe
Lederreste, nach Maß zugeschnitten, die Löcher für die Schnur wurden mit einer Aale gebohrt, man kann sich aber auch mit Hammer und stärkerem Nagel behelfen. Die Schuhe passen gut zu den Hütten im Wald oder zu vielen anderen Aktionen der Vor- und Frühgeschichte.

Foto: Berthold Schweiz

Fußbekleidung

Flossen
Pappe, mit Papiermaché. Wer sich traut, kann die nackten Füße mit der glibbrigen Masse direkt überformen, das gibt Maßschuhe oder -flossen. Vorsichtig herausziehen und lange trocknen lassen. Stabiler ist es, eine Schlaufe zur Befestigung der Füße anzubringen.

Ich heiße Sophia und bin in der 3. Klasse. Letzte Woche waren wir im Schullandheim und da ist etwas Aufregendes passiert. Das Schullandheim lag auf einer alten Burg, der Burg »Doppelkopf«, und es war die einzige Unterkunft, die zu diesem Termin noch frei war. Das war schon ein wenig merkwürdig. Anfangs gruselten wir uns auch etwas in dem hohen Speisesaal mit den kleinen Fenstern, der früher der Burgsaal gewesen war. An die knarzenden Dielenböden und die schweren Eisentüren gewöhnten wir uns bald und alles verlief wie geplant. Aber die letzte Nacht vor unserer Abreise brachte uns alle ziemlich durcheinander.

Wir konnten nicht gut einschlafen, weil der Vollmond direkt in unsere Betten schien. Obwohl längst Bettruhe angesagt war, begannen einige von uns, miteinander zu flüstern, zu kichern, zu balgen, und es dauerte nicht lange, da war die tollste Kissenschlacht im Gange.

So merkten wir gar nicht, dass die Turmuhr Mitternacht schlug.

Als Paul mit großem Schwung sein Kissen auf mich werfen wollte, ließ er es plötzlich sinken und starrte mich an. »Iiiii!«, schrie er, »wie schaust du denn aus ...« Jetzt wurden auch die anderen aufmerksam und richteten ihre Blicke auf mich. Es wurde still. Ich fuhr mir mit den Händen durch das Gesicht, um zu ertasten, was die anderen so entsetzte. Und tatsächlich spürte ich, dass aus meiner kleinen gewöhnlichen Mädchennase etwas seltsam Gewölbtes, Hartes geworden war, das unter meinen Händen wuchs und wuchs ... Voller Angst rannte ich in den Waschraum. Der große Spiegel zeigte mir, was passiert war: statt der Nase ragte ein blauer Papageienschnabel aus meinem Gesicht, meine braunen glatten Haare standen wie Stacheln zu Berge, leuchtend grün.

Mir war zum Heulen zumute. Erst als die anderen der Klasse in den Waschsaal geschlichen kamen, verlor sich meine Angst: Sarah hatte schwarze, wackelnde Elefantenohren bekommen, Paul einen Ziegenbart, der ihm bis zu den Knien reichte, und Olavs Gesicht war von einem lockigen Fell überzogen. Wir alle hatten uns verwandelt.

Plötzlich hörten wir unsere Lehrerin auf dem Gang, die sich mit lauter Stimme über die nächtliche Unruhe beschwerte. Als sie die Tür zum Waschraum öffnete, blieb ihr der Mund weit offen stehen. Und auch wir verstummten. Unsere Lehrerin hatte sich ziemlich verändert: ihre langen schwarzen Haare waren verschwunden und hatten eine glänzende Glatze zurückgelassen. Nur ganz oben in der Mitte wuchs eine kleine blaue Feder, die bei jeder Bewegung wippte. Nach dem ersten Schweigen brach dann ein wahrer Tumult los, alle plapperten, schrien und lachten. Denn eines war klar: So konnten wir unmöglich morgen nach Hause fahren!

Beim Frühstück hatten wir uns schon ein wenig an unser seltsames Aussehen gewöhnt, wenn ich auch große Schwierigkeiten hatte mit meinem Papageienschnabel den Kakao zu trinken.

Unsere Lehrerin telefonierte mit den Eltern: »Wir verlängern unsere Reise«,

sprach sie 24-mal in den Hörer, »weil es den Kindern gar so gut gefällt.«
Der Tag verstrich und nichts veränderte sich. Am Abend krochen wir alle mutlos in unsere Betten, denn keiner wusste, wie es nun weitergehen sollte. Selbst unsere Lehrerin wurde blasser und blasser und das einzig Farbige an ihr war die kleine blaue Feder.

Schlafen konnte keiner. Wir lagen regungslos in unseren Betten. Der Mond zog wieder vorüber und beleuchtete unsere Riesennasen, Riesenohren, Schnäbel und Bärte. Plötzlich erklang die Turmuhr. Leise zählten wir die Schläge mit. Als der zwölfte Ton in der Stille verhallte, spürte ich, wie meine Papageiennase kleiner wurde und meine Haare sich niederlegten. Die anderen hatten wohl auch gemerkt, dass sich etwas veränderte, denn alle rannten zum Waschsaal. Die Gesichter, die uns aus dem Spiegel anblickten, waren die altbekannten. Wir jubelten, klatschten und begannen uns übermütig mit Wasser zu bespritzen. Als unsere Lehrerin den Raum betrat, waren wir von oben bis unten nass. Glücklicherweise war sie so erleichtert über unser normales Aussehen, dass sie sich über das bisschen Wasser nicht aufregte. Sie hatte auch wieder lange schwarze Haare.

Erst am nächsten Morgen bei Tageslicht sahen wir, dass zwischen ihren schwarzen Haaren eine kleine blaue Feder herauswuchs. Und woher die stammte – das blieb unser Geheimnis.

Verwandlungen
Diverse Fundstücke, auf Karton geklebt. Gemalte Porträts verwandeln sich über Nacht in geheimnisvolle Erscheinungen.

Katze, Maus und Regenwürmer

Katze, Maus und Regenwürmer

Was ist dein Lieblingstier? Ich habe heute auf dem Weg eine Blindschleiche gesehen, wo wohnen eigentlich die Nacktschnecken? ... Die Erlebnisse mit Tieren, das Interesse an ihnen und ihrem Lebensraum ist groß. Zu schöpferischer Freiarbeit eignen sich dabei gleichermaßen erzählerische wie sachliche Inhalte. Besonders dann, wenn das Kind »sein« Tier in den Arm nehmen kann, zeigt sich das besondere Verhältnis. Die Affinität zu Tieren ist so groß, dass die Kinder in erstaunlicher Weise das Wesentliche eines Tieres erfassen und umsetzen können. Doch allzu häufig ist die erste Reaktion eines Kindes »ich weiß nicht wie ein Hund aussieht, ich kann keine Katze malen ...« Standardisierte Fertiglösungen kürzen dem Lehrer hier zwar die Wege ab, gehen aber an der Erlebnisqualität vorbei. Hilfreich ist es prägnante Details anzusprechen und vor allem auf Verhaltensweisen des Tieres hinzuweisen. »Mein Hund hat eine kalte Nasenspitze, die Katze legt ihren Schwanz immer um sich herum«. Mit einer größeren Auswahl an Materialien lassen sich viele typische Details berücksichtigen, jedes Tier wird in seinen Eigenheiten unverwechselbar.

Maus
Holzmodelliermasse, Augen und Mund aus Perlen.

Fundstücke: Webpelz, Fell-, Lederreste, Wolle, Äste, Perlen, Federn ...
Materialien: Maschendraht, Papiermaché, selbsttrocknende Modelliermasse ...
Fundwörter: Gebiss, Krallen, Hufe, Pfoten, Hörner, Geweih, Mähne, Schwanz, Schnauze, Schnabel, Fell, Haut, Panzer, Schuppen, Flossen, Saugnäpfe, Stacheln, Federn, Flügel, Nest, Bau, Höhle, Käfig, Stall, Rudel, Revier ...
Fundthemen: Jedes Fell fühlt sich anders an, Das schönste Gehege für mein Lieblingstier, Die neu entdeckte Tierart, Wie geht es dem Wurm im Apfel?, Warum hat die Giraffe einen langen Hals?, Wie fühlt sich die Schildkröte in ihrem Panzer?, Tiere am Wasser, Zirkustiere, Ein ungewöhnliches Tier in meinem Schrank ...

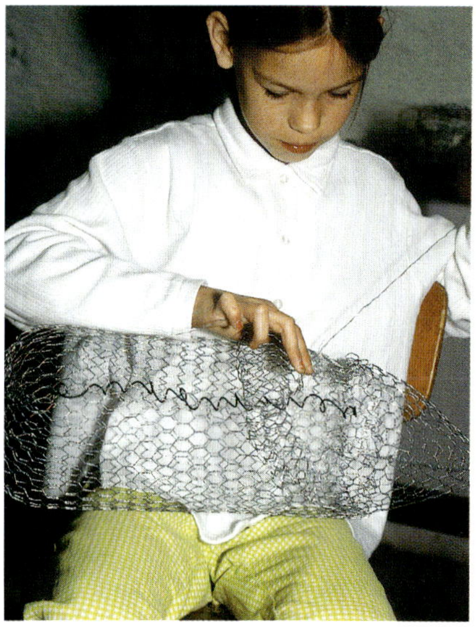

Maschendraht nähen
Mit etwas Übung und Blumendraht kann man jeden Körper formen. Damit man später das Tier gut streicheln kann empfiehlt es sich die Drahtenden vor dem Einkleistern nach innen zu biegen

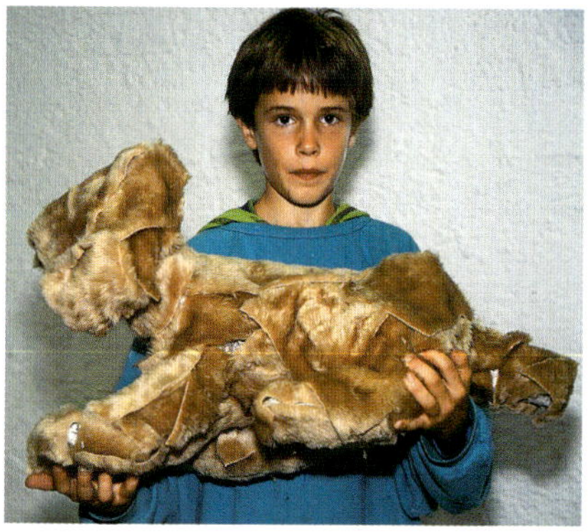

Hund
Papiermaché über Maschendraht, nach der Trocknung wurde der Körper mit Kunstfell beklebt. Es ist leichter jemandem das Fell über die Ohren zu ziehen, als das Fell den Ohren anzupassen. Aber die Arbeit lohnt sich: Endlich ein eigener Hund!

Wolf
Maschendraht mit eingekleistertem Zeitungspapier kaschiert und mit Dispersionsfarbe bemalt. Wenn man die Oberfläche nach dem Trocknen mit Lack oder noch einfacher mit verdünntem, wasserfesten Holzleim einstreicht, kann der Wolf freigelassen werden. Eine Zeit lang hält er dem Regen stand. Und dann wird das scheue Tier sowieso verschwunden sein …

Tiere aus Maschendraht

Kuh

Körper aus Maschendraht, mit eingekleistertem Zeitungspapier kaschiert und mit Kunstfell beklebt. Da nicht genug von einer Farbe vorhanden war, bekam die Kuh ein geschecktes Fell. Der Fund eines Gummihandschuhs inspirierte zu einem Euter. Der Kunststoff fühlt sich sehr echt an!
Ob man auch was einfüllen und das Melken lernen kann?

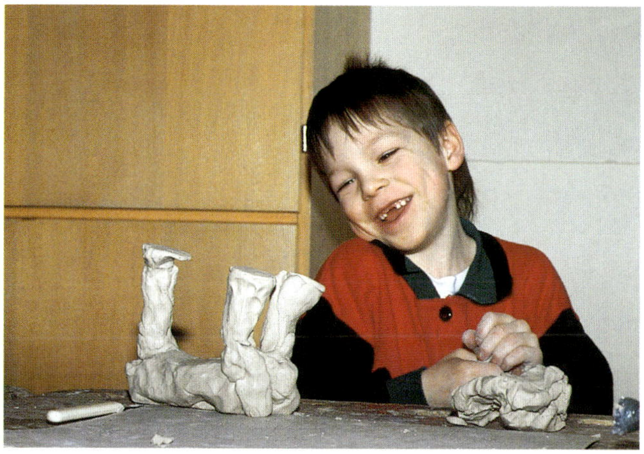

Nashorn
Ton gebrannt und mit Wasserfarbe bemalt.
Das Nashorn ist sichtlich gut gelaunt, manchmal ist die Stimmung einfach ansteckend.

Fisch im Netz
Maschendraht, mit weißem Papier und Kleister kaschiert.
Noch ahnt der Fisch nicht, dass er in der Falle ist. Wahrscheinlich wartet er selbst auf Beute.

Riesenspinne
Weinkorken mit Fellstück beklebt. Die langen Drahtbeine wippen, wenn man den Körper berührt. Aber wer traut sich das schon?

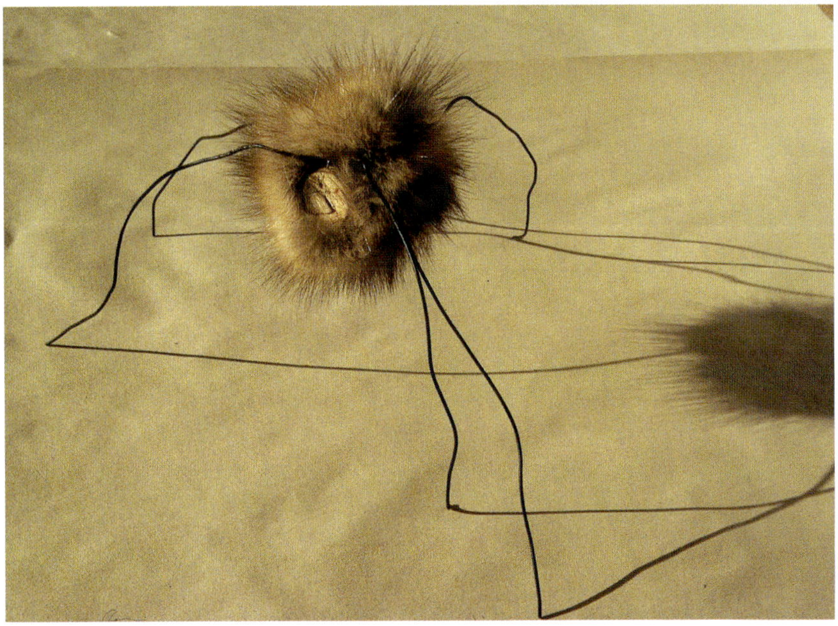

Spinne mit Netz
Holzperle, Beine aus farbigen Drahtverschlüssen. Mit viel Geduld spinnt sie aus Kleberfäden noch ein Netz.

großer Hirsch
Holzlatten genagelt, Geweih aus Ästen, zum Teil bemalt. Wie oft verzweigt sich der majestätische Kopfschmuck dieses stolzen Tieres?

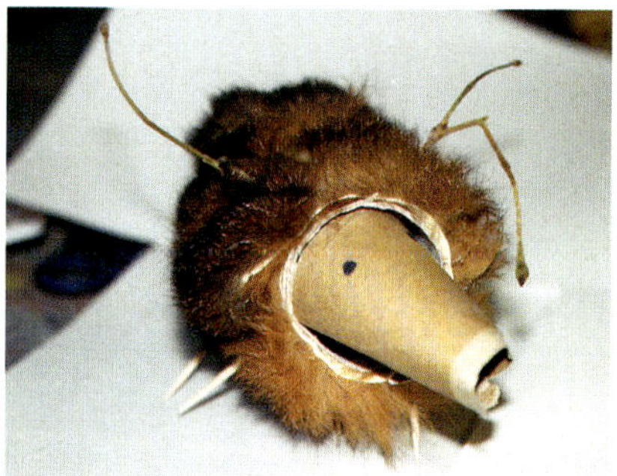

kleiner Hirsch
Toilettenpapierrolle, mit Fell beklebt, Geweih aus kleinen Ästen. Eingesteckte Zahnstocher charakterisieren gut die dünnen Beine des Rotwilds.

Jäger auf einem Jägerstand
Farbige Knetmasse. Der Nagel als Gewehr gibt dem Jäger einen gewissen Halt.

Waldtiere

Das BLAU

Die Würmer leben unter der Erde. Eigentlich heißen sie Regenwürmer, aber so sagen nur wir Menschen zu ihnen. Wahrscheinlich deshalb, weil wir sie an Regentagen gelegentlich sehen. Dann kriechen sie aus der Erde, vermutlich weil es ihnen da unten zu nass wird. Da unten? Das sagen auch nur wir Menschen. Bei den Würmern ist das anders. Die sagen, wenn sie aus der Erde zu uns heraufkommen, »wir kriechen nach unten, wo es so hell ist«. Da ist es dann meistens hellgrau und ein wenig grün, denn, wie gesagt, es sind die trüben Regentage, an denen sie aus der Erde kommen.

Die beiden Würmer Karl und August waren Freunde. Während die meisten Würmer im Garten eher Einzelgänger oder besser Einzelkriecher waren, so machten die beiden Freunde gerne etwas gemeinsam. Dann trafen sie sich an der orangebraunen Rosenwurzel im Blumenbeet mit der schwarzbraunen Erde. Die war schön locker und weich, ein idealer Platz für ein Wettkriechen oder ein Versteckspiel. Ein anderes Mal zeigte August dem Karl seinen neuesten Fund: einige rotbraune Haselnüsse die ein Eichhörnchen für den Winter vergraben und vermutlich vergessen hatte. Sie schlängelten sich um die Nüsse und fühlten, wie angenehm glatt die Schalen waren. Manchmal schauten sie nach dem Maulwurf. Das machten sie aber ganz vorsichtig, denn Maulwürfe fressen Würmer. Wer sich traute das warm-braune, weiche Fell zu berühren, ganz kurz, der war der Sieger: das war nämlich eine Mutprobe. Manchmal spielten sie Forscher und krochen so tief – nein – so hoch sie konnten, bis die Erde aufhörte und die Steine kamen, hart und graubraun. »Hier ist die Welt zu Ende, sagt meine Mama, lass uns wieder zurückkehren«, sagte Karl. »Weißt du, was mein Opa gesagt hat?«, entgegnete August. »Am anderen Ende der Welt, dort, wo wir manchmal beim Regen hinkriechen und wo es so hell ist, da hat er das BLAU gesehen!« » Wer ist denn das BLAU?«, fragte Karl. »Ich weiß nicht genau, mein Opa sagte, das ist die Farbe der Hölle.« »Die gibts doch nicht!«, widersprach Karl. »Doch«, entgegnete August, »wenn man an Tagen, an denen es nicht regnet, an das andere Ende der Welt kriecht, dann ist dort die Hölle: Alles blau und furchtbar heiß. Das hält kein Wurm aus!«

Karl glaubte nicht an eine Hölle, sehr wohl aber an ein spannendes Abenteuer. Das wollte er erleben. »Wir müssen ja nicht ganz rauskriechen«, schlug der Karl vor, »lass uns einfach nur ein wenig herausschauen! Und wenn es wirklich so schlimm ist, dann kriechen wir eben gleich wieder zurück«. Da willigte August ein und sie verabredeten sich für den nächsten Tag. Frühmorgens trafen sie sich an der Rosenwurzel. Von dort krochen sie in kurzer Zeit nach oben, immer leichter wurde die Erde. »Also, was ist jetzt, traust du dich auch?«, fragte Karl. August traute sich nicht, denn er glaubte an seinen Großvater und damit an die Hölle, doch er sagte nichts. Da war der Karl schon ein wenig durch die Erdoberfläche gekrochen und das Unglück nahm seinen Lauf: Eine fette Amsel hatte wohl nur darauf gewartet, packte mit ihrem Schnabel den armen Karl und zog ihn mit einem Ruck aus der Erde. Kein Himmelsblau und keine Sonnenhitze nur die schreckliche, schwarze Amsel. Die hätte ihn auch gleich verschlungen, wäre da nicht glücklicherweise die Katze aus dem Nachbarsgarten zur Stelle gewesen, die wiederum nur auf einen günstigen Moment gewartet hatte. Vor Schreck ließ die Amsel den Karl fallen und flatterte davon. Im Nu war dieser in der Erde verschwunden. Nie wieder! Das war wirklich die Hölle. »Und, hast du das BLAU gesehen?«, fragte August. »Es war das BLAU, du hast so recht gehabt«, keuchte Karl noch ganz atemlos, »es hat mich gepackt und beinahe wäre ich von ihm verschlungen worden«.

Dass das BLAU auch jemanden verschlingen konnte, davon hatte August zwar noch nie gehört. Aber er wusste ja nicht, dass der Karl nicht den Himmel, sondern nur die Amsel gesehen hatte. Aber bei den Würmern ist ja so manches anders.

Unter der Wiese
Holz, Sand, Styropor-kugeln, grüner Stoff. So also sieht es unter der Wiese aus. Aus der Öffnung einer Pappröhre schaut ein Wurm heraus.

Erdtiere
Holzkiste mit Erde und Steinen gefüllt. Eine Glasscheibe ermöglicht die Beobachtung der unterirdischen Welt: ein Maulwurf, Würmer und Wurzeln.

Baum mit Wurzeln
Astgabel als Baum, mit Blättern aus Krepppapier beklebt, Ast als Wurzeln. Dieses Beispiel zeigt, dass der Wurzelumfang sogar größer als die Baumkrone sein kann.

unter der Erde

Futterplatz
Holz, genagelt, geleimt und z.T. bemalt. Ein Vogel ist schon da, aber was gibt's zum Fressen?

kleiner Käfer
Bemalter Tonrest. Vielleicht kann man unter einem Vergrößerungsglas mehr erkennen.

das kleinste Vogelhäuschen
Tonklümpchen an Ast, mit der Scherenspitze wird eine kleine Öffnung gebohrt. Wie groß ist wohl der Vogel, der hier nisten wird? Wie groß sind die Eier, die er ausbrütet?

Elefant
Holzfundstücke und Äste geklebt, z.T. bemalt. Selten kann man so deutlich sehen, wie empfindsam Elefanten sind.

Holztiere
Sperrholzeste von Laubsägearbeiten, mit Buntstiften bemalt. Die Reste aus dem Holzabfall haben einiges zu erzählen!

Einzelgänger
Fundhölzer, geleimt und genagelt. Welcher Tierart lässt er sich zuordnen?

Holztiere

Flöße, Schiffe, Ozeanriesen

Flöße, Schiffe, Ozeanriesen

Kanus, Dampfer, Schlauch-, Segel-, Motorboote – getragen werden sie alle vom Wasser. Wie das funktioniert regt die Kinder zu vielfältigen Spekulationen und, wenn eine gefüllte Waschwanne zur Verfügung steht, zum Experimentieren an. Dabei wird schnell klar, dass nicht nur die gewohnten Schwimmobjekte, sondern eigentlich alles, wenn es einen schwimmfähigen Untersatz bekommt, schwimmen kann. So kann auch der als Landtier bekannte Elefant plötzlich auf hohe See gehen. Warum er das tut? Die Kinder lassen daraus eigene Geschichten entstehen.

Andere wieder interessiert mehr, wie sie ihr Schwimmgerät antreiben können. Sie probieren Segel und Ruderblätter, überlegen wie ein Schaufelrad funktioniert oder machen eine ganz neue Erfindung. Ob es wirklich klappt, zeigt sich dann bei einem Schulausflug zum nächsten Gewässer. Wettfahrten werden gestartet, Piratenschiffe geraten in Gefechte und schwimmende Paradiesgärten ziehen gemeinsam zu neuen Ufern …

Fundstücke: Holz, Styropor, Korken, Stoffe, Folien, leere Flaschen, Dosen, Kanister, Plastikbecher, alte Schwimmflügel, Tischtennisbälle, Schnur …
Fundwörter: See, Quelle, Fluss, Meer, Regen, Wasserfall, Grundwasser, Dampf, Eisschollen, Eisberge, Nebel, Trinkwasser, Abwasser, Weihwasser, Wassernixe, Wassermann, Schwimmbad, Werft, Hafen, Schiffsschraube, Segel, Meeresgrund, Riff, Seegang, Wellen, Brecher, Wassertiere, Fische, Wasserflöhe, wasserdicht …
Fundthemen: Ein Luxusdampfer entsteht, Das fürchterliche Piratenschiff, Ein ganzer Hofstaat geht auf eine Seereise, Unterwasserwelt: Korallen, Muscheln, Schätze, gesunkene Schiffe, Geheimnisvolle Fische, Ein Seeungeheuer, Eine Stadt am Meeresgrund …

Holzfloß
Wasserfest verleimte Holzstücke, bewegliche Teile aus Styropor. Das runde Styroporstück wird durch eingesteckte Holzstäbchen zum sonnengleichen Steuerruder. Ein feinsinniges Pendant zu den schwarzen Punkten auf dem Segel. Darüber hinaus kann ein Randstück weggeklappt werden, so wird das edle Floß zur praktischen Fähre!

Hausboot
Styroporplatte, aufgeschnittener Quarkbecher, Nägel und Draht, mit Dispersionsfarbe bemalt. Je nachdem wie die Kajüte eingerichtet ist, lässt es sich sehr angenehm leben. Der Korken auf dem Dach ist ein Nebelhorn: Wie es wohl klingt?

Leben auf dem Wasser

Die Flüsterpost

Einst lebten auf einem großen Wasser zwei Schiffe. Seite an Seite schaukelnd hatten sie schon vieles gemeinsam erlebt: stürmische Winde und jede Menge Flauten, Gewitter, Hagel und lange Wochen unter stechender Sonne.

Das eine der beiden Schiffe war ein paar Jahre älter, dunkler vom Holz, schmal geschnitten und ein Meister darin, auch bei unruhiger See geraden Kurs zu halten. Das bauchige, jüngere Schiffchen hingegen war hell, mit weißer Kajüte und bunten Segeln, die es von Zeit zu Zeit, ganz nach Laune, austauschte.

An einem warmen Tag im Frühjahr sagte das bauchige Schiffchen zu seinem älteren Freund: »Lass uns ein Spiel spielen!« »Flüsterpost!« »Na gut, aber du fängst an!« »Nein, du« »Nein, du!«

Das jüngere Schiffchen machte den Anfang und wollte seinen Freund ein bisschen ärgern. Es plusterte seine blau und grün gestreiften Segel auf und rief über das Wasser: »Wenn du auch wimmerst, ist's mir einerlei.« »Alles was schwimmen kann, trifft sich im Mai«, verstand die Möwe, die gerade über den beiden Schiffen schwebte. »Das ist ja interessant«, dachte die Möwe etwas ärgerlich, weil sie nur durch Zufall von diesem Schwimmfest erfahren hatte. »Das ist ja babyleicht«, sagte das schmale Schiffchen, »wenn du auch wimmerst, ist's mir einerlei, jetzt kommt aber was Schwieriges! Spitz die Masten. Im großen Schilfnest sind Eier.« Die neugierige Möwe lauschte von oben und verstand: Zum großen Schifffest am Weiher!

»Das war doch nicht geflüstert«, rief das bunte Schiffchen zu seinem Freund, »außerdem habe ich die Eier im Schilfnest auch schon gesehen. Jetzt bin ich wieder dran ...« So spielten sie noch eine Weile, bis sie merkten, dass Flüsterpost zu zweit eigentlich keinen Spaß macht und setzten den Nachmittag mit ihrem eigentlichen Lieblingsspiel, dem Wellenhüpfen, fort.

Die Möwe jedoch murmelte unentwegt vor sich hin: Alles, was schwimmen kann, trifft sich im Mai. Zum großen Schifffest am Weiher. Und sie flog von dannen um diese wichtige Nachricht weiterzugeben. Und wie das so ist, wenn einer vielen Verschiedenen etwas erzählt, die das auch wieder an Freunde und Bekannte weitergeben, veränderte sich die Botschaft noch einige Male: Ende April hieß es, am Meeresstrand sei ein Fest, nur Segelboote seien geladen, ausnahmsweise auch Tintenfische. Kurz darauf ging an den Stromschnellen das Gerücht, alle schwimmenden Gegenstände dürften kommen, nur keine Korken und ein wenig später erzählten sich die Frösche am Bach, nur ihre Kinder, die Kaulquappen, seien geladen. Solche Gerüchte gab es viele, aber nach und nach stellte sich doch übereinstimmend heraus, dass wohl Ende Mai ein großes Treffen all derer sei, die schwimmen können. So erfuhren auch die befreundeten Schiffchen davon und putzten

sich voller Aufregung heraus. Als sie sich endlich am großen Festtag auf den Weg machten, staunten sie, was für seltsame, lustige und ungewöhnliche Wesen auf dem Wasser unterwegs waren: wunderbare schwimmende Gärten, voll mit bunten Blüten und schwirrenden Schmetterlingen, Inseln mit Hütten, Häusern und Palästen, Inseln, auf denen verschiedenartigste Tiere sich über die Wellen schaukeln ließen, Segelschiffe, eines prachtvoller geschmückt als das andere, Dampfer mit wehenden Wimpeln, Kanus, Motorboote und Segelboote, die ab und an mit einem lauten »Blubb« im Wasser verschwanden. Die zwei Schiffchen sahen dem Spektakel voller Neugierde zu.

Und keines von Beiden ahnte, dass sie mit ihrer Flüsterpost dieses wunderbare Treffen in Gang gesetzt hatten.

der Untergang der Titanic
Farbige Knetmasse auf bemaltem Holzbrett. Die Titanic nähert sich unaufhaltsam dem Eisberg. Doch hinter ihr taucht ein geheimnisvolles Segelschiff auf: Endet das Drama diesmal anders?

Postschiff
Holzfundstücke, zum Teil gesägt, mit wasserfestem Holzleim und Heißklebepistole verbunden, mit Dispersionsfarbe bemalt.
Der Postbote besteht aus Holz und bemaltem Papiermaché. In diesem Boot und in dieser Aufmachung wird die Briefzustellung sicher ein Ereignis. Zumindest bei den Bewohnern einer kleinen Insel.

einsame Insel mit Käfer
Insel, Fels und Käfer aus Holzmasse, zum Teil mit Wasserfarben bemalt. Die karge Vegetation besteht aus grünen Wollstückchen, die in die noch feuchte Masse gedrückt wurden. Die Fühler des Käfers sind aus Draht. Ob er damit Botschaften empfangen kann?

Marienkäfer auf großer Fahrt
Plastikschachtel, zum Teil mit Klebeband abgedichtet und mit Alufolie beklebt.
Da Marienkäfer keine ausdauernden Flieger sind, kommt er, im doppelwandigen Boot vor hereinschwappenden Wellen geschützt, sicher über das Meer: Wenn es regnet, wird einfach das Dach geschlossen.

Boot mit Steuerruder
Papiermaché-Rumpf mit wasserfestem Leim abgedichtet, Steuerruder aus Kistenbrettchen, einstellbar, Klebeband und Dispersionsfarbe.
Wenn die Experimente mit dem Antrieb glücken, schwimmt das Boot bei eingestelltem Steuerruder im Kreis zum Ausgangspunkt zurück.

Rekordsegler
Styropor, Schaumstoff, diverse Fundstücke mit wasserfestem Holzleim aufgeklebt, Schaschlikspieße, Stoffstücke, Schnur, mit Dispersionsfarbe bemalt.
Mit seinen acht Masten und zusätzlichem Raketenantrieb ist dieses Rennboot der Favorit aller Wettfahrten. Bei Flaute oder Mangel an Treibstoff muss es mit der Leine von Hand gezogen werden.

Schwimmtier
Styroporstück, Weinkorken, bemalt.
Solange sich das Tierchen nicht zu sehr bewegt, wird wohl nichts passieren!

Arche Noah
Bodenplatte, Holzleisten, kleinere Platte als Zwischendeck, Wände aus Klarsichtfolie. Tiere aus unterschiedlichen Materialien. Wenn die Tür nach oben gezogen ist, wird die Arche ganz übersetzungsgerecht zum »Kasten«. Mit einer weiteren Lage Klarsichtfolie umwickelt, wird die große Schar Passagiere auf ihrer Fahrt ins Ungewisse geschützt und kann dennoch während der langen Zeit gut hinaussehen.

Fotos: Ursula Rauch

König, Schloss und Schlüssel

König, Schloss und Schlüssel

Die Welt der Könige und Ritter, der Prinzen und Prinzessinnen begleitet die Kinder meist über Märchen. Die Figuren mit ihren Eigenarten sind ihnen bekannt, ebenso wie die Klischees der Kasperlpuppen. Deshalb ist es reizvoll und geradezu spannend, Alltagsgegenstände in ein Königreich zu verwandeln, indem man sie mit königlichen Attributen versieht und ihre Physiognomien den einzelnen Rollen zuordnet: Eine Dose voller alter, vertrockneter Pinsel bildet einen ganzen Hofstaat: der Malerwaschel wird zum dicken König, der schlanke Feinhaarpinsel zur kapriziösen Prinzessin, der Borstenpinsel mit der glänzenden Metallhülse wirkt wie ein zugeknöpfter Diener … Neben Pinseln eignen sich zum Beispiel auch ausrangierte Schlüssel für ein Schlossszenario, und noch viele andere Fundstücke können königlich wirken: Küchengeräte, altes Werkzeug, Haarbürsten, Kämme …

Das Thema Schloss, das höfische Leben, Ritterspiele oder geschichtliche Ereignisse aus der Umgebung inspirieren zu vielen Ideen. Vor allem im Sommer lassen sich durch die vielen einzelnen Aspekte auch große Gruppen in Projekte einbinden.

Fundstücke: Alltagsgegenstände, die zusammengehören wie z.B. Schlüssel, Gabeln, Flaschen. Zum Bekleben etc.: Perlen, Kronkorken, Knöpfe, farbige und glänzende Papiere …
Materialien für Rüstungen etc.: beidseitig kaschierte Wellpappe, Maschendraht, Holz, Paletten als Basis für Burgen und Kutschen …
Fundwörter: Schlossmauer, Zugbrücke, Schlossgraben, Aussichtsturm, Thron, Königsgemächer, Kutschen, Sänfte, Pferdestall, Fanfaren, Flaggen, Wappen, Diener, Leibgarde, Säbel, Schild, Hofdame, Audienzen, Hofball, Leuchter, Tafelgeschirr, Silberbesteck, Schlossbrunnen, Burgberg …
Fundthemen: Ein Schloss aus 100 Schachteln, Die Schatzkammer, Schmuck und Waffen aus Gold und Edelsteinen, Das Ritterturnier, Schilde, Flaggen, Königskutschen und Sänften …

Wohnungsschlüssel
Pappschachtel mit verschiedenen Fundstücken als Einrichtung. Es ist ein Irrtum zu glauben, jeder Schlüssel brauche ein Schloss. Eine Wohnung reicht auch!

Ein Schloss für 24 Schlüssel eine Geschichte

Kürzlich ist mir etwas Seltsames passiert. Ich stieg auf den Speicher, um meinen alten Autoschlüssel in ein Blechkästchen zu legen, in dem ich alle unbrauchbaren Schlüssel aufbewahre. Das rostige Schlüsselkästchen ächzte, als ich es öffnete. An die dreißig verschiedene Schlüssel hatte ich schon darin gesammelt: Schrankschlüssel, Türschlüssel, Kofferschlüssel, sogar ein Safeschlüssel war dabei. Ich warf den Autoschlüssel dazu und schloss das Kästchen.

Einige Zeit später vermisste ich meinen Schlüsselbund. Wahrscheinlich war er mir aus der Hosentasche gerutscht. Ich suchte jeden Quadratmeter in der Wohnung nach ihm ab. Er war nicht zu finden. Da fiel mir ein, dass ich auf dem Speicher gewesen war. Ich stieg die steile Holztreppe nach oben und tastet mich im Halbdunkel zu dem Schlüsselkästchen vor. Plötzlich vernahm ich seltsame Geräusche, Getuschel und Gewisper. Ich blieb stehen. Meine Augen hatten sich an das Dämmerlicht gewöhnt und ich staunte: Die alten Schlüssel lagen verstreut um das Blechkästchen, während mein Schlüsselbund hoch aufgereckt davor thronte. Ihm gegenüber ein großer, rostiger Schrankschlüssel. »Du brauchst dich doch nicht beschweren«, polterte dieser, »du bist den ganzen Tag in Freiheit und nicht in einer dumpfen Blechkiste!« »Von wegen Freiheit«, empörte sich mein Haustürschlüssel, »wir hocken die meiste Zeit in einer stickigen Hosentasche und kommen vor lauter Schaukeln keinen Moment zur Ruhe!«

»Ja, wir haben alle besseres verdient!«, meldete sich ein Zimmerschlüssel. »Du hast Recht«, rief der Schrankschlüssel, »jahrelang arbeiten wir hart, drehen uns in

den Schlössern, öffnen alle Türen und wenn wir nicht mehr gebraucht werden, wirft man uns in das dunkelste Loch, in die rostigste Kiste!«

»Genau«, wisperte ein winziger Tagebuchschlüssel. »Ich habe mein Leben lang Geheimnisse gehütet und bis heute nicht preisgegeben. Habe ich da nicht ein Anrecht auf ein gemütliches Sofa mit Leselampe?«

»Und ich«, ereiferte sich ein schwerfälliger Torschlüssel, »habe zehntausend Quadratmeter Garten bewacht. Ist es nicht das Mindeste, dass ich ein Fleckchen Grün bewohnen kann?«

So forderte nach und nach jeder Schlüssel einen Platz zum Wohnen. Sie träumten von Hängematten, Wattebetten, von Balkonen, Schwimmbecken und drehbaren Tischen.

Die nächsten Tage verbrachte ich damit, einen beträchtlichen Teil meiner Wohnung mit Schlüsselzimmern zu bebauen. Ich baute sie über- und nebeneinander, mit Innenhöfen, Gärten und Brunnen. Als alles ferig war, stand ich stolz vor meinem Bauwerk. Es war ein Schloss geworden. Ein Schloss für meine Schlüssel. Am Einzugstag stellte ich die Schlüsselkiste neben die Wohnungen. Wie erstaunt war ich, als ein Schlüssel nach dem anderen aus der Kiste hüpfte: Sie waren vollkommen verändert, hatten sich verkleidet, geschmückt, entrostet. Manche trugen gewaltige Kronen oder Federbüschel, andere waren in lange Umhänge gehüllt, mit Perlen verziert, mit farbigen Bändern geschmückt. Es war ein prachtvolles Bild.

Glücklicherweise konnte ich meinen Schlüsselbund überreden, nur nachts im Schloss zu wohnen und tagsüber bei mir zu bleiben.

Schlüsselfamilie
Verschiedene Schlüssel mit Drahtverbindungen und ungesponnener Wolle beklebt.
Ein Leben ohne Schlüsselbund.

Schlüsselkönig
Schlüssel, Glanzpapier,
gefärbte Feder.
Die Würde und
Verantwortung
ist dem Herrscher
deutlich ins Gesicht
geschrieben.

Schlüsselzwillinge
Haare und Körper
aus farbiger Wolle.
Die beiden wetteifern
um die Länge ihrer
Haare und sind
ansonsten unzertrennlich.

Leben im Schloss

König und Königin
Dispersionsfarben auf Papier. Das etwas stabilere Papier (mindestens 100 g/m²), wurde am Boden ausgerollt und bemalt. Gilt es einen Pausenhof zu schonen, ist eine große Abdeckplane sinnvoll. Wenn man den Überblick nicht verlieren will, empfiehlt es sich, die Kinder die wesentlichen Elemente vorher am besten mit Zeichenkohle markieren zu lassen. In jedem Fall ist das Ergebnis beeindruckend, wenn die beiden Riesen an der Wand emporwachsen und die Schule in ein Schloss verwandeln.

Königin in der Sänfte
ausrangierter Lehnstuhl, montiert auf zwei stabilen Tragestangen, Baldachin. Damit Träger zu motivieren sind empfiehlt es sich, gleich fünf Königinnen zu krönen, die dann im Rotationsverfahren getragen werden. Aber: Aufstieg und Fall liegen buchstäblich nahe beieinander.

Ross und Reiter
Pappkarton,
Schnur als Träger.
Pappreste und weitere Materialien verwandeln eine Pappschachtel in ein Pferd, die Lanze den Reiter in einen Ritter.

Ritterspiele

Ritter mit Umhang
Helm aus bemalter Wellpappe, Holzschwert, mit Dispersionsfarben bemalt. Es ist sicher eine Ehre von diesem geheimnisvollen Ritter herausgefordert zu werden.
Armbrust aus Resten von Dachlatten, mit Hosengummi bespannt,
Umhang aus Packpapier.
Die etwas blutrünstige Bemalung wirkt durch rote Fingerfarbe besonders glaubwürdig.

Kreuzritter

Die Ritter präsentieren Flaggen und Waffen in vermutlich friedlicher Absicht, denn es sieht eher nach einer Prozession aus.

die Autoren

Thomas Heyl
geboren 1960, studierte Kunsterziehung und Malerei an der Akademie der Bildenden Künste München und Pädagogik an der Universität München. Er arbeitete sieben Jahre als Kunsterzieher am Gymnasium, viele Jahre als Lehrer der »Schule der Phantasie« mit Kindern aus der Grundschule und leitete zahlreiche künstlerische Kurse und Projekte. Seit 1996 ist er Lehrer für Grafik an der Meisterschule für Mode in München.

Katharina Luidl
geboren 1961, studierte für das Lehramt Grundschule, Germanistik und Kunstdidaktik an der Universität München. Sie ist Lehrerin an der Grundschule Stockdorf.

Dank

Dieses Buch wäre ohne die von Rudi Seitz ins Leben gerufene »Schule der Phantasie« nicht denkbar. Von ihr gingen die wichtigsten Impulse aus die zu diesen Beispielen aus der Praxis inspirierten. Für alle Anregungen und Beiträge in diesem Sinne danken wir Gabriele Moritz, Ursula Rauch, Peter Schaller, Inga Schauder, Uschi Schwaiblmair und Rosemarie Zacher.

Literatur

Cropley, Arthur J.
Unterricht ohne Schablone, Wege zur Kreativität
München 1990

Hentig, Hartmut von
Kreativität, Hohe Erwartungen an einen schwachen Begriff
München 1988

Oswald, Paul und Schulz-Benesch, Günther (Hrsg.)
Grundgedanken der Montessoripädagogik
Freiburg 2001

Seitz, Rudolf
Phantasie und Kreativität
München 1998